文通天下

突 破 认 知 的 边 界

规矩

家教自省

会客谋事

立身社交

中庸用人

良知商道

毛明果　林森楼　著

光明日报出版社

图书在版编目（CIP）数据

规矩 / 毛明果，林森楼著 . -- 北京：光明日报出

版社，2024.7. -- ISBN 978-7-5194-8080-6

Ⅰ . K892.26

中国国家版本馆 CIP 数据核字第 20249S78E2 号

规矩

GUI · JU

著　　者：毛明果　林森楼	
责任编辑：谢　香	责任校对：徐　蔚
特约编辑：王　猛	责任印制：曹　净
封面设计：杨国相	

出版发行：光明日报出版社

地　　址：北京市西城区永安路 106 号，100050

电　　话：010-63169890（咨询），010-63131930（邮购）

传　　真：010-63131930

网　　址：http://book.gmw.cn

E - mail：gmrbcbs@gmw.cn

法律顾问：北京市兰台律师事务所龚柳方律师

印　　刷：河北文扬印刷有限公司

装　　订：河北文扬印刷有限公司

本书如有破损、缺页、装订错误，请与本社联系调换，电话：010-63131930

开　　本：170mm×240mm	印　　张：14.5
字　　数：157 千字	
版　　次：2024 年 7 月第 1 版	
印　　次：2024 年 7 月第 1 次印刷	
书　　号：ISBN 978-7-5194-8080-6	
定　　价：58.00 元	

目录

三 | 传承规矩
文明之道，一脉相承

修身篇

一 | 立身规矩
明心见性，以德服人

二 | 中庸规矩
不偏不倚，无过不及

家规篇

家教规矩

会客规矩

传承规矩

一、家教规矩：知书达礼，谦卑恭逊

1. 起居有常，晨昏定省

《论语》有云："吾日三省吾身。"这既是孔子对于个人修养的深刻反思，也为我们指明了家教规矩的精髓。家教之始，莫过于培养良好的生活习惯。起居有常，晨昏定省，便是养成良好生活习惯的第一步。

"起居有常"，意味着要有规律的作息。古人讲究"日出而作，日落而息"，这不仅顺应自然规律，也有益于身心健康。在现代生活中，虽然我们的生活节奏和方式发生了很大变化，但规律的作息时间仍然是保持身心健康的重中之重。我们应该根据自己的实际情况，制订科学的作息计划，并严格遵守。如早上按时起床，晚上按时睡觉，保证充足的睡眠。同时，还要合理安排工作、学习和娱乐的时间，避免消耗过多精力，过度疲劳。

《颜氏家训》中也提到："习闲成懒，习懒成病。"一个人如果习惯了懒散的生活，久而久之便会生出病来。规矩不单适用于成人，也同样适用于孩子。事实上，家教规矩的首要任务便是让孩子从小养成规律的作息习惯，这样才能有充沛的精力投入学习和生活中去。

起居的规矩还包括生活习惯的养成。比如，保持居住环境的整洁卫生，这是一个人生活态度和生活品质的体现。干净整洁的居住环境不仅能让我们感到舒适和愉悦，还能提高我们的生活质量和工作效率。我们应该养成定期打扫、整理物品的习惯，让生活环境保持整洁有序。

起居的规矩也体现了一个人的自律精神。《大学》中云："所谓诚其意者，毋自欺也。"这要求我们在起居方面也要做到自律自强。按时起床、睡觉是对自己的承诺和尊重；保持居住环境的整洁是对自己生活品质的追求；饮食有节是对自己身体健康的负责。这些看似微不足道的小事，却能够反映出一个人的自律精神和品质修养。

"晨昏定省"，是一种亲情的表达，代表了对长辈的尊敬与关心。早晨起床后，向长辈请安问好，晚上入睡前，再向他们道一声晚安。简单的举动，却能够增进家庭成员之间的感情。

明代名臣杨继盛，自幼便深受家教之益。他的家庭规矩严明，每日清晨，杨继盛都会按时起床，整理床铺，向父母请安后开始晨读。夜晚，他也会按时就寝，保证有充足的休息时间。这种规律的生活习惯让杨继盛拥有了一副好身体，让他能够在生活中始终保持着充沛的精力。正是这种严谨的家教规矩，为杨继盛日后的成功奠定了坚实的基础。

清代文学家纪晓岚，同样注重家教规矩。他家中有一条规定，便是晨昏定省。纪晓岚每天早起向长辈请安，询问他们的身体状况，汇报自己的学习和生活情况。傍晚时分，他也会再次向长辈请安，汇报一天的收获和感悟。这种亲密的互动不仅增进了家庭成员之间的感情，也让纪晓岚在家庭的熏陶下，逐渐形成了温文尔雅、谦逊有礼的君子之风。

杨继盛和纪晓岚的故事告诉我们，家教规矩对于一个人的成长意义重大，除了能够培养良好的生活习惯，更能够塑造一个人的品格和气质，从而使自己成为有道德、有担当、有追求的人。

家教规矩并非一成不变，它理应随着时代的进步和社会的发展而不断调整。在现代社会中，我们可以结合家庭实际情况，针对孩子的年龄特点分阶段制定具体的行为规范。对于幼儿，我们可以从培养他们的卫生习惯、饮食习惯入手；对于学龄期的孩子，我们可以注重培养他们的学习习惯，发展其社交能力；至于青春期的孩子，我们可以加强对他们自律意识和责任意识教育。同时，我们也要注重家教规矩的灵活性，经常与孩子进行沟通交流，了解他们的想法和需求，让他们在遵守规矩的同时也能够感受到家庭的温暖和关爱。

家长自身也要做好榜样，言传身教便是最好的教育方式，家长要以身作则，遵守家教规矩，用自身的行为来影响、教育孩子。在日常生活中，家长也要按时起床、按时休息，遵守家庭规则，尊重长辈、关爱晚辈，让孩子耳濡目染，自觉培养出这些良好的品质。

在立规矩的过程中，孩子可能会因为不理解或不愿意遵守规矩而产生抵触情绪；或者，家长可能会因为忙于工作或其他原因而忽略了对孩子的教育。但是，我们不能因此放弃或松懈。要坚持不懈地引导孩子遵守家教规矩，帮助他们养成良好的习惯和品质。

起居有常，晨昏定省，是个人品德修养和生活品质的具体体现。起居规律不仅关乎我们的身心健康和成长发展，还关乎家庭和谐和社会文明。因此，我们应该从日常生活中的点滴小事做起，养成良好的起居习惯和行为规范。

每个人的生活习惯不同，找到适合自己的方式并坚持，就是好的起居规矩。

2. 古今称呼，以礼为先

作为文明古国，中国历来被誉为"礼仪之邦""君子之国"，中国人在称呼上尤为讲究。可以说，称呼是中国人的规矩之一。没有规矩，不成方圆，所以称呼不可乱。

纵观古人的称呼之道，体现出一种谦逊的"卑己尊人"思想。比如，古人称自己的妻子为"贱内"或"拙荆"，称自己的孩子为"犬子"，称自己为"鄙人""老朽"，如果是老年妇女则自称"老身"，年轻的读书人自称"小生"，称自己的朋友为"敝友"，称自己的家为"寒舍"，当自己要发表见解时，则冠以"愚见"二字。然而，当古人称呼别人时，则极尽尊重，称对方的意见为"高见"，称呼对方的父母时用"令尊""令堂"，称呼对方的儿女用"令郎""令爱"，"令"在此有"美好"之意。

以上称呼体现了泱泱大国之礼，谦谦君子之风；体现了古人对他人的尊重，及待人接物的基本原则。

传说苏轼曾漫游至莫干山，偶然间误入一座庙宇。庙里的主事老道初见苏轼，见其衣着朴素，便有些轻视，随意地指了指旁边的椅子说："坐！"接着对一旁的小道童简短吩咐："茶！"苏轼并不以为意，悠然坐下与老道闲聊。随着交谈的深入，老道渐渐发现这位客人谈吐不凡，才华横溢，绝非一般文人墨客。于是，他热情地引领苏轼进入大殿，客气地说："请坐！"并向道童吩咐："敬茶！"两人相谈甚欢，老道越发觉得苏轼学识渊博，智慧过人，不禁好奇地询问起他的姓名。得知眼前之人竟是大名鼎鼎的苏轼，老道惊讶不已，立刻起身作揖，恭敬地将苏轼请进客厅，并热情地说："请上坐！"并吩咐道童："敬好茶！"当苏轼准备告别时，老道恳请他留下墨宝作为纪念。苏轼笑着挥毫泼墨，写下了一副对联："坐，请坐，请上坐；茶，敬茶，敬好茶。"老道看到后，顿时面红耳赤，心中充满了惭愧。

这个故事告诉我们，从古至今，虽然难免有以衣着、社会地位、名气取人的势利之辈，但这些人往往遭到世人唾弃。一个人要想真正赢得他人发自内心的尊重，靠的不是富可敌国的财富，也不是炙手可热的权势，而是体现在日常的待人接物上，体现在一言一行和对他人的称呼上。

所以我们一定要具备良好的礼仪，在与他人沟通交往时，能够恰当地称呼他人。对于很多中国人而言，这是父母从小就灌输的理念和有意培养的习惯。

古人在社交和公众场合，很少自称"我"，因为用第一人称，在当时容易被大家认为不懂礼仪。从晋朝开始，人们就学会了用其他称谓来代替"我"，官员会谦逊地自称"下官"；唐朝时，很多人用"小生"来指代自己；宋朝时，官员自称为"卑职"。

这种现象并非古代独有。时至今日，一些有修养的人在正式的社交场合和公众场合，也会在言谈间尽量回避"我"字，而是用"我们"来代替，不仅恰到好处地体现了自身的修养和礼仪，且"我们"二字更有亲和感，无形中拉近了双方的距离。

中国是礼仪之邦，良好的礼仪和初见面时恰当的称呼非常重要。

唐朝大诗人李白诗名远扬，被誉为"诗仙"。李白的诗歌深受时人的喜爱，很多人慕名前来，希望得到李白的指点。

一天，一位年轻的士子远道而来，在李白的府邸前恭敬地向门童问道："请问诗仙李白在家吗？"门童听了，笑道："我家主人正是李白，但你可不能称呼他为'诗仙'，应该尊称他为'太白先生'。"年轻的士子听后，心中不解，便问门童，"诗仙"二字是对李白的赞美，体现了自己对大诗人的倾慕和尊重，为什么不能这样称呼呢？

门童向年轻人解释道，在正式的场合，应该用李白的字号"太白"来称呼，方显对李白的尊重和敬意。年轻的士子听懂之后，谢过门童，便以"太白先生"的称呼去拜见李白了。李白热情地接待了这名士子，与之相谈甚欢，在诗歌创作上，也给了对方很多中肯的建议。

在日常生活和工作中，我们难免会与不同年龄、身份及行业的人交往，使用恰当的称呼非常重要。称呼对了，可以像上述故事中的年轻士子一样，不仅于无形中传达出对对方的尊重和敬意，还能促进彼此之间的交流沟通，建立良好的人际关系。反之，若称呼不当，则容易让对方认为受到了轻视和冒犯，并质疑称呼者的礼仪、情商、品行等。一旦出现这种尴尬局面，无论是一般的沟通和交往，还是商业合作，都将大受影响。

在古代，人与人之间的称呼可以说是一个相当复杂的系统，往往与对方的官职、身份和家族地位紧密相关。此外，对于长辈和尊者也有不同的称呼。

到了现代，烦琐的礼仪和称呼被不断简化。但这并不意味着人们对称呼的重视程度降低了，因为每个人都发自内心地希望自己得到对方的尊重和重视——这一内心深处的诉求，从古至今从未改变过。

如今，称呼简化到人们见面时，只需了解对方的职业和姓氏，就可以恰到好处地称呼对方，即以对方姓氏加职业，比如"王老师""李医生""张律师"等，都是有规律可循的称呼。有时候，如果不清楚对方姓什么，也可以省略姓氏，直接称呼"老师""医生"等。

称呼不仅呈现出越来越简化的趋势，并且更加多样化和个性化，尤其体现在恋人之间，比如在鲁迅先生和许广平先生的书信中，常常出现"小白象""小刺猬""广平兄"等有趣的称呼。如今，人们依据自己的喜好和文化背景，发明了多种多样的称呼，比如"亲爱的""Baby""宝贝"等。

在职场上，人与人之间的称呼也更加开放和平等，在很多公司，无论是普通员工之间，还是员工与管理层之间，都采用去掉姓氏、直呼其名的方式，不仅听起来十分亲切，并且打破了层级限制，让沟通和工作更高效。还有些人可能是觉得自己的本名较拗口，或者不够时尚，抑或是出于顺应公司的企业文化等原因，为自己起了更好听、更个性化的名字，甚至是英文名，这种方式都得到了人们的充分尊重和认可。

可见人们对称呼的包容性越来越高了。尽管如此，在日常生活和工作中，也难免会偶尔遇到不知该如何称呼对方的情况。一般情况下，对于尊者或在相关领域内较有影响力者，可称呼"老师"；对于合作公司的客户，可称对方为"老师"或"领导"。也可以视情况采取直接询问的方式，比如"我该如何称呼您？"或者"您喜欢我怎样称呼您？"若是遇到一时不知如何称呼，又不方便直接询问的情况，可以在交谈中采取称呼混用的方式，比如"您"和"你"的混用，"老师"和"领导"的混用，也可以适时混入"哥""姐"等亲切的称呼。

对于中国人而言，称呼是一门高深的学问，也是一门艺术，不仅反映了历史文化和思想意识的变迁，也是人与人之间约定俗成的规矩。

3. 餐桌规矩，古为今用

民以食为天。饮食作为生活中最重要的一部分，早在周代就形成了一套完备的饮食礼仪，并在之后的历朝历代发挥着重要作用，时至今日，仍然规范着中国人在餐桌上的行为。

很多人认为，作为礼仪之邦，中国一切礼法制度的起源就是对食物的分配。在古代社会，生产力水平落后，粮食产量低，为了稳定社会秩序，避免争抢食物，通常将食物交给上层人士，其吃饱后，再分给底层人，由此逐渐形成了一种尊者、长者优先的原则。

《吕氏春秋》中记述了这样一个事迹。

孔子在游历各国期间，曾有一段时光生活困窘，仅能依靠野菜充饥，一行人甚至连续七日未曾进食一粒米。

某日，颜回终于设法获得了一些米，他兴高采烈地将其取回，着手准备煮饭。当饭即将煮熟之际，孔子偶然间看见颜回掀起锅盖，随手抓取一些米饭放入口中。孔子虽心中明了，却假装未曾察觉，默默走开。

不久，颜回端着热气腾腾的米饭前来请孔子享用。孔子道："我方才梦见祖先召唤，欲以这未曾食用过的洁净米饭，先行祭奠祖先。"颜回闻言，连忙告知孔子这米饭已不宜用于祭祀。孔子佯装惊讶，询问其因由。颜回略显尴尬地解释，自己在煮饭时，有尘埃落入锅中，沾染尘埃的米饭扔掉可惜，因此他便将其取来食用。

听完颜回的述说，孔子恍然大悟，为自己先前的误解感到愧疚，不禁感慨道："有时，我们亲眼所见的事物，也未必就是真相的全部啊！"

这个小故事从侧面折射出古人在饮食上的规矩和礼仪，自古便是以长者为先，孔子认为，"有酒食，先生馔"，即长辈在场时，要把酒肉先给长辈享用，所以当孔子看到颜回私下享用食物时，才会感到困惑。

可以说，中国人在餐桌上的规矩体现了一种尊老敬老思想。将这种尊老敬老思想表现较为典型的，要数清代康熙帝和乾隆帝举办的"千叟宴"了。宴会上，除了朝中老臣，还有不辞劳苦赶来的各地老寿星，乾隆帝曾亲自为九十岁以上的老人敬酒，以表自己对老人的尊重，希望举国践行孝德。

如今，很多家庭仍遵循这一传统，饭菜做好后，会先招呼老人，甚至在一些正式的家宴上，老人不动筷，其他人是不会先吃的。当然，随着时代的发展和人们思想意识的变化，有些家庭日常可能会随意一些，但在商务宴请、公司聚餐等场合，人们还是会遵循长者、尊者、客人优先的原则，有意识地等对方动筷后再开动。

此外，餐桌上还有许多约定俗成的规矩和礼仪。比如"食

一、家教规矩：知书达礼，谦卑恭逊

不言，寝不语"，相信很多人都熟悉这句话，甚至有些调皮的孩子是从小听着这句话长大的。虽然用餐时适当的交流不可避免，但古人提倡应尽量少说话，要保持内心宁静和专注的状态，细嚼慢咽，这样有利于食物的消化吸收。

对于用餐礼仪，孔子还提出"君子食无求饱"，意在告诫世人要节俭和自律，应该更注重内心的修养和学问的提升，不要整天想着满足口腹之欲。

时至今日，孔子的这一思想仍然不乏先进之处。如今，食物越来越丰富，越来越方便易得，致使很多人营养过剩。遵循"食无求饱"的原则，更有利于身体健康和身材管理。

古人还提倡"毋口它食"，也就是咀嚼的时候不要发出声响，不要吧唧嘴。"毋固获"说的是即使很喜欢饭桌上的某一道菜，也不能盯着这道菜一直吃，或者争着吃。"当食不叹"说的是吃饭时应专注于食物，不要唉声叹气，这样不仅影响食物的消化吸收，也会影响其他人的用餐心情。

可以说，古人在餐桌上的这些规矩一直被沿用至今，只是换了一套说辞而已。

除此之外，很多中国孩子从小耳濡目染的餐桌礼仪和规矩大抵如下：饭前一定要洗手，吃饭时坐姿要端正，这样不仅看起来很有家教，挺拔的姿势也有助于消化；夹菜的时候，不能翻来翻去挑拣，要夹距离自己最近的部分；打喷嚏或咳嗽的时候，要将头转到一边，不要对着餐桌。如果是较正式的场合，还要对共同进餐者说一声"不好意思"；如果要剔牙，需要用纸巾或另一只手遮挡，尤其是女士；吃完饭后，如需先离席，要跟长辈打招呼；如果是应邀去别人家里做客，可以带一些小礼物，离席时要对主人表示感谢，或者邀请主人日后到自己家中做客；饭后要帮忙收拾餐桌和清洗碗筷；等等。

以上适用于日常餐桌礼仪和普通社交场合，对于正式的商务宴请，礼仪和规矩会更讲究、更烦琐，其中的座次排序就是一门学问。

按照现在国际通行的惯例，通常是尊者居右。主人一般会坐在面门的位置，最重要的客人坐在右手边，其次重要的客人坐在左手边。若主宾的身份地位高于主人，可让主宾坐在主人的位置，主人坐在右侧，其余人依职位高低入座。

关于"左右尊卑"的概念，在中国历史上并非一成不变。如秦朝以前"崇尚左"，秦朝至六朝时期"崇尚右"，唐宋时期"崇尚左"，元朝再次"崇尚右"，至明清时期则又"崇尚左"。因而，无论"左右"，都是对客人的尊敬和重视。

在西式宴请中，则另有一套规矩和礼仪。在西式宴请的座次排序上，往往是以主宾为主，并遵循"女士优先"的原则。值得一提的是，西式宴请同样以右为尊，面门为上，离主位近的位置优于离主位远的位置。

谈到中国人的餐桌礼仪，筷子无疑是不可或缺的重要元素。虽然世界上有多个国家都使用筷子，但中国无疑是使用筷子最频繁、最富有文化内涵的国家。筷子，对于中国人而言，早已超越了餐具的单一属性，它更是一种深厚的文化符号。

筷子的历史源远流长，关于筷子的发明者，有多种说法，流传较广的一种说法是大禹发明了筷子。

相传在古时，洪水泛滥成灾，冲毁了无数的村庄和农田，百姓们生活在水深火热之中。大禹为治理洪水，日夜辛劳，有时甚至忙到连饭都顾不上吃。

由于刚出锅的饭食太热，无法直接用手拿取，于是大禹灵机一动，折下两根树枝，用以夹取食物，这样吹一吹就能入口。这就是筷子的雏形。

后来，人们纷纷效仿大禹的做法，并不断改良和创新，逐渐发明了各种不同材质的筷子。筷子就这样成为中国人餐桌上不可或缺的重要工具。

中国人使用筷子时，讲究诸多规矩和禁忌。当筷子上沾有食物残渣时，绝对不能用嘴去吮吸或啃咬，这被认为是不卫生的行为，会给其他就餐者留下不良印象。同时，将筷子插在米饭上的行为也是大不敬的，因为在中国的传统习俗中，这通常是祭祖时才有的做法，如果在待客时这样做，无疑会给人带来不悦。

此外，用筷子敲击碗碟也是被严格禁止的，这被视为非常失礼的行为。在摆放筷子时，人们也讲究两头齐平，避免一头大一头小，因为这象征着"阴阳颠倒"，寓意不佳，更不能将筷子十字交叉摆放，这同样被认为是不吉利的。

除了这些餐桌上的规矩，筷子在中国人心中还有着更为深刻的含义。筷子一头圆一头方，寓意着天圆地方，象征着宇宙的自然法则。持筷时，拇指在上，无名指和小指在下，中指居中，这恰好与中国的天、地、人三才之象相吻合。筷子的长度七寸六分，则代表着人的七情六欲，寓意着人生的丰富多彩。

一双看似简单的筷子，却蕴含着中国人对宇宙和人生的深刻认知。它是中国传统文化的缩影，也是中国人餐桌礼仪的重要组成部分。从古至今，不仅筷子的使用方式被传承下来，许多餐桌上的规矩也得以延续，深入人心。这些规矩和禁忌不仅体现了中国人的生活智慧，更展现了中华民族深厚的文化底蕴。

4. 衣冠上国，衣不贵华

中国自古就有"华夏大地"的美誉。唐代大儒孔颖达对"华夏"二字做了恰如其分的注解："中国有礼仪之大，故称夏；有服章之美，谓之华。"从中我们不难看出，精美的服饰和优雅的礼仪是华夏文明的重要组成部分，所以中国又被称为"衣冠上国"。那么，中国人在穿衣方面又有哪些规矩和讲究呢？

在中国传统文化中，服饰往往被看作身份和地位的象征。上层社会通常穿金色、黄色、红色、紫色等色彩华贵艳丽的衣服，而平民常穿青、蓝、黑等色彩单一和灰暗的衣服。官员服装的颜色及图案往往也以品级来定。譬如，在唐朝，官员按品级由高到低分别着紫、绯、绿、青不同颜色的衣服。

此外，皇族的服装颜色更为讲究，不同的朝代所崇尚的颜色又有不同，秦时崇尚黑，宋朝崇尚红，明代龙袍以五行代表色为基准，到了清朝，明黄色成为帝后专用色。

五代十国时期，政权更迭频繁。公元960年春节，后周朝廷突然接到边境送来的紧急战报，说北汉国主和辽朝联合出兵攻打后周边境。对此，符太后连忙召集众大臣商议，后决定派殿前都点检、归德军节度使赵匡胤领兵抵御。

大军浩浩荡荡，很快来到距京城二十里的陈桥驿。赵匡胤一声令下，将士就地扎营休息。然而，当天夜里，赵匡胤被部将强行披上了黄袍，被拥立为皇帝。

　　赵匡胤回到京城后，后周恭帝让位，赵匡胤由此正式成为北宋的第一位皇帝。

虽然只是一件衣服，但"黄袍加身"象征的是皇帝登基的仪式。在古代，如果大臣和老百姓胆敢私制龙袍，穿龙袍，会受到非常严厉的责罚，甚至可能因此丢掉性命。

随着时代的进步和人们思想观念的开放，在当代社会，穿衣风格已经发生了翻天覆地的变化。老百姓的衣橱不再受到限制，他们可以随心所欲地选择自己喜欢的颜色和图案，将个性与时尚融入每一套穿搭中。然而，即便在这样的自由之下，人们仍然需要遵循一些基本的穿衣规矩和礼俗，以体现对场合的尊重。

在挑选衣物时，最重要的是要根据不同的场合做出恰当的选择。当你步入一场正式的商务会议时，男士们通常身着笔挺的西装，女士们则穿着优雅的职业套装。这样的穿着不仅显得专业，更展现出一种成熟稳重的气质。而在颜色的选择上，深蓝、黑色、灰色等经典色系往往更能突显庄重与正式的氛围。

而在婚礼这样的喜庆场合，着装则更倾向于展现庄重与喜庆。男士们可能会选择合身的西装搭配精致的衬衫，女士们可能会选择华美的套装或连衣裙。此时，颜色的选择可以稍微鲜艳一些，以符合婚礼热闹喜庆的氛围。但要注意避免选择大面积的红色或纯白色，以免与新娘的婚纱或中式裙褂产生冲突。

当然，如果你确实想穿朴素的颜色，不妨配上一些色彩亮丽的配饰或高跟鞋，以增添一丝时尚感。

晚宴和庆典活动则要求更为隆重的着装。男士们可能会选择华丽的燕尾服，女士们可能会穿上精美的长裙或礼服。

而在休闲的场合，人们则更注重舒适与自在，穿搭往往更为随意。

春节作为中国最重要的传统节日，其着装习俗也颇具特色。很多人会选择穿上新衣服，这既是对新年的庆祝，也是对过去的告别。在古代，人们认为新衣服具有辟邪的作用，穿上新衣可以得到神灵的庇佑，驱除一年的晦气。如今，虽然物资丰富，人们不再局限于过年时才能穿新衣服，但春节穿新衣的习俗仍被延续下来。在一些地方，人们还会穿上具有中国传统特色的服饰，如唐装或旗袍，以展示对传统文化的热爱与尊重。

此外，中国人的穿衣礼仪还受到身份、职业和年龄等因素的影响。教师、律师、企业家、学者等职业群体往往需要穿着更为专业和正式的服饰，以符合其职业形象。而年轻人更偏向于选择时尚、个性、前卫的服饰，以展现自己的青春活力。老年人则更注重穿着的成熟稳重和大方得体，以体现其稳重与智慧。

值得一提的是，尽管经济水平不断提升，但中国人始终保持着勤俭节约的优良传统。在穿衣方面，人们更看重衣物的实用性和耐用性，而非单纯的华贵与奢侈。人们相信，"衣贵洁，不贵华"，穿着干净整洁、得体的衣物往往比华而不实的服饰更能赢得他人的尊重与好感。

总之，中国人的穿衣规矩既体现了对场合的尊重，也展现了他们的身份、职业和年龄等特点。在整洁得体的基础上，他们巧妙地融入时尚与个性的元素，展现出独特的魅力和品味。这种穿衣风格既是对传统文化的传承，也是对现代生活的热爱与追求。

一、家教规矩：知书达礼，谦卑恭逊

5. 谦让利他，平安出行

出行，与人们的生活息息相关。古人在出行的时候，往往也要遵循一些特定的规矩和礼俗。由于古代交通不便，出行困难，加之很多朝代动荡不安，人们出行的风险增加，旅途中充满了未知。所以很多人出行前会占卜，以预测吉凶。为了避免出行时发生不测，古人还会祭祀行神，祈求一路平安。

此外，古人行走时也要遵循相应的道路规则。不同的朝代，有不同的道路规则和行走规矩。

在先秦时期，人们出行时遵循"男右女左"的原则，即男子走在道路的右边，女子走在道路的左边，中间通行车辆。古人认为男女是不能同行的。到秦汉时期，随着道路规则的不断完善，出现了专供皇帝出行的驰道，可见封建等级观念已经深入人心。到了唐朝，《仪制令》对人们的出行规则进行了更加明确的规定：贱避贵，少避长，轻避重，去避来。宋朝则在继承唐朝道路规则的基础上又有所创新，人们将《仪制令》刻在石碑或木板上，立在路旁，以提醒路人遵守道路规则。同时，还多加了一条：来左去右，也就是进城的人走道路左边，出城的人走右边。

《三字经》中也提到了出行时的规矩："路遇长，疾趋揖。长无言，退恭立。骑下马，乘下车。过犹待，百步余。"

即在路上遇到长辈或地位尊贵的人时，应该迅速上前行揖礼。如果长辈没有过多的话要说，我们应该退后几步，恭敬地站在一旁。如果我们是在骑马或者乘坐马车时遇到长辈，则应下马或下车，即使长辈已经走过去了，我们仍然要等待，待其距离我们大约百步的距离后，才可以继续前行。这些规矩，也将中国人尊老敬老的思想体现得淋漓尽致。

道路规则使人们的出行更规范有序。综观不同朝代的道路规则，主要体现了人们对安全的重视，以及一种互相避让、利人利己的理念。有这样一个小故事。

在一个月黑风高的夜晚，一位禅师漫步于一片漆黑之中，由于视线模糊，多次与路人碰撞。面对这些，禅师只是淡然一笑，继续他的行程。忽然，他看到前方有灯光闪烁，一个提着灯笼的人缓缓走来。旁边一名路人低声议论："真是奇怪，这个盲人明明看不见，却每晚都提着灯笼。"禅师听闻此言，心中也生出了几分好奇。

待那盲人走近，禅师忍不住开口询问："您的双眼真的无法看见吗？"盲人平静地回答："是的，自我出生以来，从未见过一丝光明，我的世界不分昼夜。"禅师不解："既然如此，您为何还要提着灯笼呢？"盲人解释道："我听说，每当夜幕降临，人们都会像我一样陷入黑暗，所以我便提着灯笼，希望能为他们照亮前方的路。"

禅师听后深受触动："原来您所做的一切都是为了他人

啊！"盲人却摇了摇头："不，我这么做其实是为了我自己。"
禅师再次露出疑惑的神情："这是为何？"盲人微微一笑：
"您刚才走路时，是否曾被他人碰撞过？"禅师点头："确
实，我一路走来，多次与人相撞。"盲人继续道："我虽然看
不见，但自从我提着灯笼以来，就没有被人碰过。因为这
灯笼不仅照亮了别人的路，也让他们看到了我，从而避免了
碰撞。"

禅师听后陷入沉思，许久后才感慨道："我四处奔波，
历尽艰辛，只为寻求佛的踪迹。如今看来，原来佛就在我
身边，一直默默地指引着我。"

这个故事告诉我们，帮助别人就是帮助自己，与人方便，就
是与己方便。所以出行时要多为他人着想，不要争抢道路。

从古至今，人们始终将出行的安全性放在第一位。为了确
保安全出行，现代的出行规矩更加完善细致。

人们出行时要严格遵守交通规则，诸如"红灯停，绿灯
行""过马路要走斑马线"等理念已经深入人心。在现代人的出
行中，不乏常识性规范，也有一些约定俗成的出行规矩。

为了确保自身和他人的安全，在乘坐公共交通工具时，应自
觉排队，有序上下车，上车后应主动给老弱病残孕让座。在车
厢内，不要乱扔垃圾，不要吃有异味和刺激性味道的食物，不
要大声喧哗，如果想听歌或追剧，一定要插上耳机，以免影响
他人。

在其他公共场合，尤其是图书馆、博物馆等，也要尽量保持安静，避免打扰他人。

即使是在人流较多的商场、餐厅、广场等地，也应注意个人形象和素质，不要大声喧哗，或出现不雅的言行举止。

遇到需要拜访他人或参加活动的情况，一定要提前告知，并尽量准时到达。很多人有过这样的经历和体会，对于一些线下举办的活动和论坛等，主办方往往会明确提出"谢绝空降""请一定提前预约"等。可想而知，如果大家都不提前预约，主办方就无法统计人数，并进行相应的协调和安排。

去亲戚或朋友家拜访时，也要提前打招呼，约定好时间，这样不仅可以体现出对对方的尊重，也使对方能够有所准备。

随着时代的发展和科技的进步，人们的思想观念也发生了相应的变化，现代社会更提倡绿色出行，鼓励采用公共交通、骑行或步行等更加环保的出行方式。这样不仅有利于环境保护，还可以强身健体。

日常出行时，也不再像先秦时期一样，遵循"男右女左"的原则，而是打破了性别区分的观念，男女可以在路上自由行走。但是当彼此熟识的男女同行时，一些有绅士风度的男士会自觉走在外侧，让女士走在内侧，可以在一定程度上使女士免受车流和人流的影响。同时，一些女士出于习惯和安全感等方面的原因，也会自觉走在内侧。当然，并不是所有男士和女士都会这样做，也没有明文和相应的规范要求男士这样做，但是当男士主动这样做时，会给同行的女士留下非常好的印象，也可以体现自身的风度和素养。

如今，随着各种交通工具的出现，以及通信工具的发展和普及，人们的出行比古代更加便捷安全，以前靠脚力和车马，数日才能走完的路程，现在只需几个小时便可抵达，且途中随时可以和家人、朋友沟通，使对方免于未知的担忧。所以人们出行前已经不再占卜预测吉凶，更不会祭祀行神。虽然这部分带有封建迷信意识的规矩和礼俗已经废止，但也有一些规矩是古今通用、一直备受人们推崇的。比如对交通规则的遵守，以及文明出行、互相礼让、尊老爱幼等。

中国人的出行规矩既体现了对安全的重视，也融入了传统文化的精髓。日常出行时，遵守相应的规矩，不仅可以提升出行的安全性，而且有助于维护社会秩序和良好社会风气。

二、会客规矩：待人有度，出言有尺

1. 谈吐有节，低调谨言

中华民族是一个热情好客的民族，无论是亲朋好友来访，还是客人远道而来，抑或是自己到某一约定的场合与他人相见，人们都会表现出极大的诚意和热情。可以说，待客之道是中国传统礼仪中十分重要的部分。会客时也有很多规矩，其中言谈礼貌得体是最基本的要求。

《论语》中云："一言以兴邦。"即一句话就可以使国家兴盛，强调了语言的力量。当然我们大部分人是普通人，并没有这样大的影响力，但在会客的时候，也应充分认识到谈吐的重要性。那么，关于会客时的谈吐，我们应遵从哪些规矩呢？

最基本的就是要使用文明礼貌用语，比如"请""谢谢"等，以展示良好的个人素养，以及对他人的尊重。

然而，现实生活中的情况往往是复杂的，在极个别情况下，尽管我们已经很谦虚礼貌了，但对方就是故意问一些刁钻的问题，意图让我们难堪，或者掉入对方设计好的"陷阱"。对此，拍案而起或怒目而视无疑都是下策，最明智的做法是巧妙化解。

　　曾有一名记者问周恩来总理："请问中国人民银行有多少资金？"这显然是一个很难回答的问题，但周恩来总理笑笑，很快答复记者说："中国人民银行的货币资金嘛，有18元8角8分。"记者和众人听了他的回答都一脸困惑。周恩来总理解释道："中国人民银行发行的面额为10元、5元、2元、1元、5角、2角、1角、5分、2分、1分的10种主辅人民币，合计为18元8角8分"。

　　还有一次，一名外宾问周恩来总理："总理先生，你见过世界上最漂亮的女人吗？"周恩来总理很笃定地回答"见过"。外宾大为惊讶："在哪里？是谁？"周总理说："就在我家里，是我夫人。"外宾闻听此言，不由大笑起来："尊夫人真是世界上最美的女人？"周总理说："是的，中国有一句古话，叫'情人眼里出西施'，在我眼里我的夫人是世界上最漂亮的女人，否则我也不会娶她。"

面对对方的有意刁难，周恩来总理总是能用机智妙语轻松化解，既展示了自身的幽默，又体现了非凡的外交风采和大国风度。当我们在生活中遇到类似的场景时，不妨学习一下周恩来总理的应对技巧，学会灵活巧妙地化解尴尬问题。

会客时一个很重要的规矩是"戒多言"，因为言多必失，可能会在无意中说漏嘴，或者冒犯了别人而不自知。

曾国藩曾在写给弟弟曾国荃的信中说："古来言凶德致败者约有二端：曰长傲，曰多言……历观名公巨卿，多以此二端败家丧生。"曾国藩在这里指出了普通人的两大凶德和弱点：傲慢和话多，这也是他结合自己年轻时的经历总结出来的经验教训。

曾国藩刚进入翰林院时，不免春风得意，一次在父亲寿筵上，对前来祝寿的好友夸夸其谈，直到好友心生反感，拂袖而去，曾国藩才意识到自己的得意忘形。在认真反省之后，他从此谨言慎行。

古语云，"贵人话语迟"，说的是说话前要反复思考、字斟句酌，不能口无遮拦，想到什么说什么。

而"尊长前，勿现能"，强调的是谦逊的态度，尤其是在长者或尊者面前，不要夸大、炫耀自己的才能。当然，我们可以用事实和成果来证明自己的能力，而非口头的大肆渲染，因为一旦对方无法佐证我们的话，我们很容易被认为在"吹牛"。

除了以上交谈方面的规矩和注意事项，敏感话题也是禁忌。在会客时，要尽量避免敏感或争议性的话题，比如政治、宗教等。此外，个人隐私也是禁忌，比如对方的工资收入、家庭存款等，都是令人尴尬的问题。如果双方关系非常亲密要好，自己按捺不住好奇心，脱口问了出来。在这种情况下，对方可能会如实相告，也可能会敷衍、搪塞过去。如果是后者，千万不要继续追问，这是很失礼和没有边界感的行为。

营造轻松愉悦的交谈氛围也很重要，尽量不要用"不对""但是"等否定性和转折性较强的词汇，因为这些词汇用多了，容易在无形中影响对方的情绪和心理，甚至会使对方出现对抗感，或为自己极力辩解。若出现这种局面，可能会使交谈氛围陷入紧张，一旦影响到沟通的效率和结果，也就失去了沟通的意义。

话虽如此，也并不意味着不能否定别人，可以视谈话对象的沟通风格和性格，以及与自己的亲疏关系灵活应对。但大部分人还是喜欢听好话，所以可以让自己的言谈更委婉，比如先肯定对方，再提出自己的疑虑，这样对方也会用心平气和的方式与我们沟通。

在成年人的社交中，还有一个约定俗成的规矩，即无关利益、原则等闲聊的话题，人们往往不会过分争辩对错，而是尽量顺着对方的话延展。因为有些问题本身就是仁者见仁，智者见智，并没有标准答案。

即便对方有说错之处，也要考虑到每个人的认知、受教育程度及思想价值观念、喜好等等本身就有差异，所以面对无关紧要的话题，成熟理智的人不会试图在言语上胜过他人。正如曾国藩认为，以言语压制别人，即使胜了，别人也不会服气。

说到会客时的谈吐，很多人想的都是怎样"说"，其实"听"也是沟通中很重要的一部分。主持人梁宏达在节目中提到葛优时曾说:"你要是和他接触过,你百分之百会喜欢他。"因为葛优就是一个善于倾听的人。葛优虽然名气和实力兼具,为人却低调谦卑,当别人高谈阔论时,葛优总是耐心地倾听,从不会轻易打断别人谈话。可见,在会客的时候,我们不仅要谈吐得当,也要做一个善于倾听的人。

关于会客时的谈吐,还有很多规矩,比如"声不闻,却非宜",要视听者的年龄,以及与自己的距离选择合适的音量;谈到某一专业问题时,如果对方对相关领域了解不多,不要频繁使用专业术语,而是要用对方能听懂的话与之沟通;在重要的场合时,不要讲不合时宜的笑话;等等。

遵循以上关于谈吐的规矩,不仅有助于维护和谐的人际关系,也能够体现出自身的良好修养和君子之风。在会客时,遵循这些规矩会给双方留下更好的印象。

2. 客来敬茶，以礼相待

客来敬茶，是中华民族的传统礼仪。这一礼仪大约起源于晋代，至今已有一千多年的历史。

古人提倡"以茶养廉"，以对抗奢侈腐败之风。说到"以茶养廉"的代表，当首推东晋时期的陆纳。《晋中兴书》中记载了一则"陆纳杖侄"的故事。

陆纳在吴兴做太守的时候，常以茶果待客。陆纳的侄子觉得过于清简，便私自准备了一桌盛宴。待客人走后，陆纳将侄子杖责四十，以示惩戒。

如今，喝茶早已成为人们会客时必不可少的一部分，并且很多人也会像陆纳一样，准备一些水果或茶点，既丰富了茶席，又可以预防客人出现"茶醉"。那么，喝茶时还有哪些规矩呢？

在泡茶之前，可以询问客人的饮茶喜好，冲泡客人喜欢的茶品，以表对客人的尊重，不能自己喜欢喝什么茶就泡什么茶。如果客人没有特别偏爱的茶品，也可以询问客人是否有脾胃虚寒的情况，从而避开寒性的茶品。如若客人没有任何偏好或禁忌，主人可以自由选择想泡的茶。选好相应的茶品后，可以向客人简单介绍一下茶叶，比如这款茶的产地、特点等等，使客人对即将喝到的茶有初步了解，客人心中也会多一分期待。日常会客时，会遇到各式各样的客人，有些客人可能对茶没有太多的研究和讲究，但也有一些客人精于茶道，对茶和水的鉴别能力都很强。

王安石晚年患痰火之症，据说只有用长江三峡瞿塘中峡水泡江苏阳羡茶才能收效。时逢大文豪苏东坡谪迁湖北黄州。王安石得知后，拜托苏东坡在经过瞿塘中峡时，汲一瓮水。不料苏东坡半路忘了此事，船行到下峡时，才记起王安石的托付，只好在下峡汲了一瓮水，因心中过意不去，并未告知王安石实情。

王安石泡好茶后，喝了一口，马上指出这并非瞿塘中峡之水，并告诉苏东坡，上峡水流太急，泡出的茶茶味浓；下峡水流太缓，泡出的茶茶味淡；只有中峡水流不急不缓，用来泡茶，浓淡相宜，最适合治自己的病。苏东坡听后对王安石的鉴水功力叹服不已。

王安石的鉴水能力，普通人难以望其项背，但在茶席上，基本的规矩和礼仪还是要有。

选好茶叶之后，在具体冲泡之前，要在客人面前用开水烫洗茶具，即使茶具已经很干净，也要重新用开水烫洗一遍，一方面可以使客人更放心，另一方面也起到温壶的效果。

取茶的时候要用茶匙，如果没有茶匙，可以将茶叶盒或茶叶袋倾斜之后，轻轻将茶叶倒入茶壶或盖碗中。千万不要用手去抓茶叶，这样会让客人觉得不卫生。

给客人倒茶的时候也有规矩。动作要轻柔，不要将茶水溅出来。相信很多人都听过"茶倒七分满"这句话，因为这样，客人喝茶的时候会更方便。如果倒满了，杯子太烫，客人就很难拿起来，会有"欺客"之嫌。

此外，还要确保每位客人的茶盏中的水量一致。为客人分茶汤的公道杯寓意"公平公正"，契合了中国传统文化中所倡导的人人平等的精神内涵。所以在倒茶的时候，要根据在场人数，力求做到平均分配，以免让客人有厚此薄彼之感。如果轮到最后一位客人时，公道杯中的茶汤已经所剩无几，只能在客人面前的茶盏里倒入几滴，也会有轻慢客人之嫌。而且对于一些懂茶、好茶的客人，会更期待全程体验一泡茶的层次变化，一边品茶，一边和大家交流品饮感受。所以即使主人发现茶汤所剩无几后，重新出汤，再倒给客人，也会令客人感到遗憾。

在与客人喝茶期间，如果又有新客人赶到，为了表示对新客人的尊重和欢迎，可以重新换一泡茶。如果让新客人继续喝已经淡薄了的茶汤，是失礼的表现。

将泡好的茶端给客人时也有讲究，最好用杯垫，或者用茶叉。如果以上工具都没有，也可以用手握住茶盏的下方递给客人，不要用手指触碰茶盏的口沿儿，以免让人觉得不卫生。

如果是以客人的身份到茶室或其他地方见客，要注意不要在茶席上吸烟。因为烟味会掩盖茶香，影响人们的喝茶体验。并且有些人不吸烟，尤其难以接受二手烟。如果实在想吸烟，要征询其他客人的同意，或者暂时离席到僻静通风处或室外吸完再回来。

叩手礼仪也是茶桌上不可不知的规矩。当主人以礼相待，盛情地为我们泡好一杯茶时，我们可以用叩茶礼来表达心中的谢意。根据传统的茶桌礼仪，行叩手礼时，要按辈分进行。

如果主人与客人为平辈，客人可将食指与中指并拢，轻叩桌面三下，以示对主人的尊重与感激之情；若客人乃晚辈，则需五指并拢，握拳状，连续敲击桌面三下；若客人是长辈，则单以食指或中指轻敲桌面即可。若偶尔遗忘此叩茶之礼，亦可微笑示意，表达谢意，或直言"谢谢"，同样得体。

无论是古人倡导的"以茶养廉"，还是"客来敬茶""以茶代酒"，都意味着中国茶和茶文化已经成为人们会客和日常生活中非常重要的一部分。对于一些不常喝茶的人而言，茶桌上的诸多规矩和礼仪可能显得过于烦琐。其实，正是这些品茶、闻香，以及询问客人口味偏好，交流喝茶体验的过程，才使得初次见面的人也能够迅速打开话题，同时也体现了主人待客的诚意，并让日常的喝茶行为更具仪式感。

3. 礼轻情重，贵在心意

中国是礼仪之邦。身处一个讲究人情往来的社会，人们在会客时经常会送礼。虽然这只是表达心意的善举，但礼物也不能乱送，不能乱了规矩。

《周礼》中说："孤执皮帛，卿执羔，大夫执雁，士执雉。"也就是说，诸侯之间见面时，可以赠送丝帛和兽皮；卿在互相见面时，可送小羊羔；而大夫们见面时，送的是大雁；士见面时，则是送野鸡。由此可见古人在送礼时的讲究和规矩。随着身份地位的降低，送礼的规格也逐步降低。此外，不同的礼物，也有着不同的寓意。以士送的雉为例，雉鸡不同于家鸡，其栖于丘陵或荒山田野，自由自在，一旦被捉住，宁愿饿死也会不接受人类施舍的食物。雉鸡的"高洁品性"备受古人推崇，所以将其视为士的精神象征。

可见送礼是一种文化习俗，也是一门艺术。当代社会，人们在送礼时仍然有很多规矩。应根据不同场合及受礼者的身份，及其与自己关系的亲疏，选择适宜的礼物。

有些情况不适合送重礼。比如，当自己与受礼者关系并非特别亲近，则不宜送重礼。在人际交往中，忌讳"交浅言深"，对于交情浅的人，不仅不能"言深"，也不能送重礼。否则受礼者可能会觉得自己承受不起，或者对送礼者的动机产生误解，认为对方有事相求，才会送如此重的礼。如此一来，受礼者会倍感压力与不适。

有"重礼"，就有"轻礼"。自古便有"礼轻情意重"的说法，很多时候，人们更在意送礼者的诚意和用心，而非礼物的贵重与否。

在唐朝盛世之时，有位少数民族的首领为了表达对唐王朝的敬意，特选派缅伯高为使者，携带一只美丽的天鹅，欲献给唐太宗。缅伯高途经一条清澈的河流，想让天鹅沐浴一番，便解开束缚。然而，疏忽之下，天鹅展翅高飞。缅伯高急忙伸手去抓，却只抓住了几根洁白的鹅毛，心中懊悔不已，一时间茫然无措。随行的侍从们见状，纷纷出谋划策，试图找到弥补的方法。然而，缅伯高仍旧感到束手无策。

一行人风尘仆仆地抵达长安，缅伯高面见唐太宗，恭敬地献上礼物。唐太宗见礼物被一方精美的绸缎所裹，满怀期待地解开，却发现其中仅有几根鹅毛，以及一首情深意切的诗："天鹅贡唐朝，山高路途遥。沔阳河失宝，倒地哭号啕。上复圣天子，可饶缅伯高。礼轻情意重，千里送鹅毛。"

缅伯高随后向唐太宗详细叙述了事件的经过。唐太宗听后，深受触动，特别是那句"礼轻情意重，千里送鹅毛"，不仅深深打动了唐太宗的心，也感动了后世无数人。

可见送礼贵在心意。偶尔受邀到朋友家做客时，可以带一瓶红酒，或者是老家的土特产等等。虽然是寻常之物，并不贵重，但可以表达自己对收到对方邀请的谢意，也使自己免于产生"上门叨扰"的压力。

如果是去给老人过寿，可以依据对方所在地区的风俗，送相应的礼物。老年人注重实用性，也可以送一些老年人用得上的物品，比如保温杯、计步器等。也有一些礼物是禁忌，比如钟表，因为"送钟"与"送终"谐音。此外，也不能送鞋子或梨子，因为"鞋"与"邪"、"梨"与"离"也是谐音，都会令收到礼物的人产生不好的联想。

亲朋好友乔迁时前往祝贺，可以送空间装饰品或厨房用具，比如挂画、摆件或锅具、咖啡机等，也可以送绿植或花卉，以美化新居。

探望病人时，很多人会选择送鲜花或水果。其实，有时候此二者并非好的礼物。在送礼之前，一定要对病人的喜好和身体情况有所了解，有些病人可能对花粉过敏，送鲜花会适得其反。而且当鲜花枯萎的时候，病人看到了，也可能会影响心情，不利于病情好转。

此外，有些人出于病情原因可能不适合吃水果，或者病人原本就脾胃虚寒，送水果也是不合适的。按摩器、有营养的食物，或者病人喜欢的书籍等，都是非常好的选择。不仅有助于病人康复，缓解病痛，还可以消磨时间，并且读书不会影响到病房里的其他病人。

如果是商务送礼，初次拜访时，礼物无须过于贵重，可以送旅行便利文具包等实用的小礼物。对于一些重要的客户，或合作已久的合作伙伴，可以根据对方的年龄、喜好等选择名茶、名酒或高档香水等礼品。

《礼记》中说："礼尚往来。往而不来，非礼也；来而不往，亦非礼也。"很多时候，收到别人的礼物后，是需要适时回礼的。除了选择合适的回礼时机，礼物的价值也要适宜。

当收到别人礼物的时候，不要立即回赠等值的礼物。因为这样一来，两人之间就形成了"交换"，像是不肯欠对方人情一样。

明智的做法是当场愉快地收下礼物，接受赠送礼物者的好意。为使对方充分感受赠予的快乐，以及避免"交换"之嫌，可以过一段时间后，再找一个合适的时机给对方回礼。且回礼的价值最好不要超过对方送给自己的礼物的价值，或者是与之不相上下。因为如果受礼者给送礼者回赠过于贵重的礼物，送礼者收到后，可能会觉得自己之前送出的礼物过于简薄或是觉得对方有意和自己攀比"斗富"。

简言之，会客的时候，一份适宜的礼物不仅可以增进双方的情谊，也体现了浓厚的中国式人情和智慧。

4. 迎客有道，待客有礼

中国人向来热情好客。面对远道而来的客人，仅是在迎客和最初的接待上就有诸多规矩。《礼记》中曾记载："凡与客入者，每门让于客。客至于寝门，则主人请入为席，然后出迎客。客固辞，主人肃客而入。主人入门而右，客入门而左。主人就东阶，客就西阶。客若降等，则就主人之阶。主人固辞，然后客复就西阶。主人与客让登，主人先登，客从之，拾级聚足，连步以上。上于东阶，则先右足；上于西阶，则先左足。"

这段文字详细描述了古人迎接客人的规矩和礼仪。从主人请客人入门，到安排座位，再到双方相互礼让、按序登阶，可以说事无巨细，每一处细节、每一个环节都体现了古人待客的诚意，以及对客人的尊重之情。

如今，随着历史的变迁、时代的发展，以及生活方式的改变，人们迎客时的流程与古代有所不同，但心中的诚意却与古人一脉相承。

所谓"功夫在平时"，很多人平时就会有意识地将家里收拾得干净整洁，一方面是习惯使然，另一方面也是为了客人到来时能留下一个好印象。当然，"不速之客"还是少数，大部分客人在拜访前都会跟主人打招呼，告知到达的时间、人数等相关信息，以便主人提前做出相应的安排。

得知客人即将到访后，主人通常会将房间洒扫布置一番，将即将用到的茶杯等清洗干净，确保上面没有污渍。除此之外，还会准备一些水果、干果。如果要留客人在家中吃饭，还会提前买一些蔬菜、肉类，在冰箱中备好。若是客人需要留宿，也要提前将房间打扫、布置好，并准备干净的被褥。

除了以上准备工作外，个人的仪容仪表也很重要。通常来讲，相比商务会客，在家中会客会更轻松随意，但主人也要保持良好的精神面貌，不能给人以邋遢随意之感。还应提前对客人的行程有所了解，如果是从外地赶来的客户，或是初次拜访的亲友，应预留好时间，提前到机场或车站等候；如果是常来的亲戚朋友，可以提前到门外或小区门口迎接。就具体的迎客而言，古人在这方面可谓极尽诚意。

周公是周文王的第四子，武王的弟弟，曾辅佐周武王伐纣，并制作礼乐。周武王得天下后，周公留在都城镐京继续辅佐武王。武王去世后，又辅佐其子成王。为了更好地处理政务，使百姓安居乐业，周公表现出极强的责任心，并且求贤若渴。一旦有客人来访，为了不怠慢客人，并表达自己待客的诚意，周公即使正在洗澡或吃饭，也会马上穿上衣服，或吐出口中的食物，第一时间出去迎客。

据《史记·鲁周公世家》记载，周公曾对伯禽说："我一沐三捉发，一饭三吐哺，起以待士，犹恐失天下之贤人。"其实，以周公的盛名和地位，即使让客人稍等片刻也无妨，但周公还是选择第一时间去迎客，以表达自己对客人的重视。可以说，正是周公在迎客时体现出的谦逊诚恳、礼贤下士的态度，才使诸多人才能够为其所用。

三国时期，曹操有感于周公的德行礼仪和政治智慧，写出了"周公吐哺，天下归心"的诗句，流传至今。

可以看出，一旦有贵客来访，古人不仅会中止一切事务，立即起身到门外迎客，甚至有时还会因此失了个人形象。

东汉时期的名臣蔡邕，精通音律，深谙经史，擅长辞赋，在书法领域也有着卓越的造诣，可谓才情横溢，学识渊博，且身居高位。不过，蔡邕为人却谦逊有礼，低调内敛，热情好客，常在家中款待那些真正有学问的宾客。

某日，蔡邕正在休憩，忽闻门外有客，名唤王粲。蔡邕一听，即刻起身，急忙穿鞋，疾步而出以迎客。由于心中急切，蔡邕竟不小心穿错了鞋子，不仅左右颠倒，还将两只鞋都倒穿。

王粲见状，虽然惊讶，却忍不住发笑。然而，这笑并无半分嘲讽之意，他对蔡邕的热情与真诚深感敬佩。

在现代社交场合中，迎客之道不仅仅关乎体面，更在于主人内心那份真挚的情感。对于每一位来访的客人，主人都会调整自己的精神状态，以满腔的热情迎接他们。不论主人是否刚刚经历过事业的波折，或是与家人有些许矛盾，他们都会将负面情绪深藏，以免让客人感受到怠慢。笑脸相迎，是对每一位客人的尊重，也是迎客时的基本礼仪。

当客人抵达时，进门的那一刻也蕴含着一定的礼仪。如果门是向内推的，主人会先行进入，侧身挡住门，然后礼貌地邀请客人进入；若门是向外开的，主人则会打开门后，侧身挡住门，让客人先行，自己随后进入。这样的细节，不仅体现了主人的细心，也确保了客人的安全和舒适。

当客人随身携带物品时，主人会及时接过，并妥善放置在合适的位置。客人的外套、包包等物品，也会被细心地放好。此外，家中的其他成员也会被引导与客人打招呼，营造出一种温馨、和谐的氛围。

在请客人入座后，主人会根据客人的喜好，为他们倒上清水或泡上一壶好茶。同时，还会端上新鲜的水果、干果等小零食，让客人在等待或交谈时，能够感受到家的温暖和主人的用心。茶水饮料会被放置在客人的右前方，方便他们随时饮用。

当然，在迎客过程中，还可能遇到一些特殊情况。比如，来访的客人并非主人的客人，而是家中其他成员的客人。面对这种情况，主人也会礼貌地问好，热情接待，展现出整个家庭对客人的欢迎和尊重。另外，如果主人因事无法亲自到机场或车站迎接客人，他们会及时向客人表达歉意，并请他人代为接待，确保客人感受到同样的尊重和关怀。

迎客之道虽然有着一定的规矩和礼仪，但最重要的还是那份发自内心的热情与真诚。主人的每一句话、每一个动作，都应该流露出对客人的欢迎和尊重，而不是仅仅停留在表面的客套。只有真心相待，才能赢得客人的尊重和认可，让每一次的相聚都留下美好的回忆。

5. 迎三送七，诚意送客

中国人讲究"迎三送七"，即出迎三步，送客七步。送客尤为重要，其规矩和礼仪甚至超过了迎客。

然而，在现实生活中，送客时的规矩和礼仪往往更容易被人们忽略。因为此时人们会下意识地觉得会客已经进入了尾声，不知不觉间便放松下来。不过，一旦送客时失了规矩和礼仪，客人同样会感觉受到了怠慢。所以送客时一定要更具热情和诚意，这样才不会有"虎头蛇尾"之嫌。

送客时都有哪些规矩呢？通常当客人提出要离开时，主人应出言挽留，表示希望客人晚些再走，或吃过饭再走。在这种情况下，主人可能是真心挽留，也可能是委婉的客套话。客人可根据自己与主人的亲疏关系，以及自己的时间和行程安排决定是否马上离开。

即便客人明确表示要告辞，主人也不能马上起身相送，而是要等客人先起身，自己才能起身。否则，就会有"逐客"之嫌，令客人觉得主人迫不及待地想送走自己。

送客时一定要送出门外，不能客人前脚刚出门，主人"哐"的一声就关上门。主人应与客人一起走到门外，然后郑重地与客人道别，并邀请客人有时间再来做客。在此情景下，客人也会向主人发出邀请，并对主人的盛情款待表示感谢，同时免不了要说一些"打扰了""谢谢"之类的客套话。

如果客人是长辈或需要特殊关照的体弱者，应一路关照客人下楼、上车，直到目送车辆走远，再转身离开。

《论语》中记载了这样一个故事：君召使摈，色勃如也，足躩如也。揖所与立，左右手，衣前后，襜如也。趋进，翼如也。宾退，必复命曰："宾不顾矣。"

说的是国君召孔子接待宾客，孔子的脸色马上庄重起来，并加快了脚步。孔子对客人拱手作揖的时候，衣服整齐不乱。疾步前行时，衣袖像鸟儿展开双翅一样。宾客走后，孔子向主君回报："客人已经不回头了。"

从中我们不难看出，孔子接待客人时礼仪十分周全，充分体现了待客的诚意，以及对客人的尊重。送客人离开的时候，孔子会一直目送，直到客人走远，不再回头，自己才回去向主君回报。

孔子的待客和送客之道，流传千年，延续至今，已经成为深入人心的规矩和礼俗。

那么，送别的时候为什么要站在原地，目送对方走远，才能转身离开呢？下面这个故事会让我们有更直观的了解。

蔡元培是中国近代史上著名的思想家、革命家、政治家，被誉为"影响中国历史的十位教育大家"之一、中国现代教育之父。蔡元培之所以能取得如此成就，与父亲的言传身教不无关系。

小时候，蔡元培和大多数同龄的孩子一样，在礼仪上并不是很周全。一次，蔡元培的父亲生病了，父亲的好友来探望，两人闲聊了一段时间后，好友起身告辞，父亲因病不便下床送客，就让儿子代自己送客。蔡元培将父亲的朋友送出门后，就转身回屋了。父亲见状，耐心地教育蔡元培：客人在离开的时候，往往会习惯性地回头看一眼，再度向主人挥手作别。此时，若是客人发现身后空无一人，主人早已返回房中，心中难免会有失落之感。反之，若客人回头的时候，发现主人还站在原地目送，就会感受到主人待客的诚意和惜别之情。

听了父亲的解释，小小年纪的蔡元培内心非常惭愧。从此之后，每当帮父亲送客的时候，蔡元培都会在门口站很长时间，目送客人走远，有时候还会挥挥手。因为待人谦逊守礼、诚意十足，蔡元培长大后结识了很多朋友，也备受身边人的尊重。

当今，人们的居住环境早已与古代大相径庭，也不同于蔡元培小时候的环境，最典型的变化是有了"电梯"。所以很多时候，人们送客时会将客人送到电梯口。这时，可以帮客人按下电梯按键，一边等电梯，一边和客人闲谈。直到电梯门打开，客人走进电梯，电梯门关闭。

有些人可能会觉得，这时就可以转身离开了，因为随着电梯门的关闭，客人已经看不见自己了，就没有必要继续在原地目送客人了。

其实，更周全的做法是要等到电梯上的数字发生变化，看到电梯已经顺利下行，这时才结束送客，转身离开。之所以要这样做，是因为有些电梯门在关闭后，会因为各种原因忽然又打开。这时，如果电梯内的客人看到门外已空无一人，或者看到主人离去的背影，内心可能会产生一丝失落或被冷落的感受。

因此，我们在送客的时候，要尽可能地兼顾到各种细节，考虑到一切可能发生的情况。尤其是当我们希望给对方留下更好的印象的时候，或者是接待客户的时候，这些细节会令对方更加信赖我们。

送客时的规矩不仅体现了主人的礼貌和修养，也表达了对客人的尊重，可以确保客人在离开时感到舒适，并感受到主人待客的诚意。

当然，在实际应用中，以上规矩也并非一成不变，在传承古人的送客礼仪和规矩的同时，要有所变通。可以视客人的身份、所在地习俗，以及个人习惯等变动和调整。但最终目的都是要让客人感受到主人的诚意以及对自己的尊重。

三、传承规矩：文明之道，一脉相承

1. 文化传承，继往开来

中国传统文化不仅是民族的根基和灵魂，也是中华文明独特的文化魅力和价值的体现。其中蕴含着丰富的道德观念和人生智慧，也囊括了大量立身处世的规矩，是修身、齐家、治国、平天下的重要理论依据。所以，传承中国传统文化非常重要。

中国传统节日是传统文化中非常重要的一部分。每个节日都承载着深厚的历史和文化内涵，并有着相应的规矩和习俗。过节也是一种规矩，它是一种流传了千年的仪式感和生活态度。

中国有诸多传统节日，春节是最重要的传统节日之一。那么，在春节时都有哪些规矩呢？比如贴春联、大扫除、挂灯笼，以及放鞭炮、舞龙舞狮、吃年夜饭、拜年等，长辈还会给孩子压岁钱。

关于春节的起源，最早可以追溯到夏商周时期，当时的人们以"斗柄回寅"为岁首，昭示着新的轮回由此开启。

民间又将"春节"称为"过年"。相传是因为古时候，有一被唤作"年"的猛兽，每到腊月三十，便进村屠戮，牛、羊、猪、鸭，甚至活人都成了它的口中餐。

有一年腊月三十，当这只怪兽进入一个村庄时，刚好有两个牧童在挥舞牛鞭，半空中啪啪的鞭声吓退了"年"。

当"年"来到另一个村庄时，迎头望到一家门口晒着的大红衣裳，这只怪兽再次被吓跑了。

"年"来到第三个村庄时，有了前两次的经验，它并没有贸然闯入，而是从门缝偷看，却见院内灯火辉煌，明晃晃的灯光令"年"头昏眼花。"年"再次灰溜溜地逃走了。

从此，人们总结了"年"怕响、怕红，怕光的弱点，便以放鞭炮、挂灯笼等方式抵御"年"，终于不用再惧怕这只怪兽了。这些方法也逐渐成了过年时的风俗和规矩。

过了春节，就是元宵节。元宵节是每年的农历正月十五，也有特定的规矩和礼俗，比如吃元宵、赏花灯、猜灯谜，北方人还会吃饺子。

清明节是祭祖和扫墓的日子。此时，天清地明，万物生长。人们纷纷赶到祖先的墓地，献上鲜花、水果，以表对先人的怀念。当然，除了扫墓祭祖，清明节时还可以踏春、放风筝、植树、吃青团等等，各地的规矩和习俗略有不同。

端午节主要是为了纪念爱国诗人屈原，有吃粽子、赛龙舟等习俗。同时，这个节日也有着诸多美好的寓意和内涵，比如驱邪避疫、祈求健康。

其实，无论是元宵节、清明节，还是端午节，都像春节一样，有明确的起源和相关传说。这就是中国传统节日的魅力，真实中不乏神秘色彩。

中秋节也是非常重要且备受人们欢迎的传统节日。这是一个因月而生的节日，与之相关的传说和民间故事，如嫦娥奔月、吴刚伐桂、玉兔捣药等几乎家喻户晓。更有诸多文人墨客挥毫落笔，写下了数不清的关于中秋节和赏月的诗篇。还诞生了中秋节应令的儿童玩具"兔儿爷"。如今，"兔儿爷"已经成为北京文化的一部分。可以说，中秋节对于人们的意义，早已超出了团聚赏月、吃月饼等表象和形式。

中秋节之后，便到了重阳节。重阳节是每年农历九月初九，又称登高节、老年节，这是一个祈求健康长寿的节日。重阳节的规矩和习俗主要有登高、插茱萸、喝菊花酒等。

除了以上节日，中国传统节日还有七夕节、中元节、下元节、冬至节等。

中国的传统节日是我们的文化根基，并且每一个传统节日都有着漫长的历史，有独特的庆祝方式、规矩，以及文化内涵。作为中国人，我们应该去传承自己的节日。

中国传统文化是一个非常宏观和多元的概念，几乎涵盖了生活的方方面面，除了传统节日，还有滋养中国人千年的儒家文化和道家文化，以及释家文化等。

其中儒家文化提倡的"仁爱""礼义""诚信"等道德观念，

已经成为人们立身处世的规矩，且有助于社会稳定和良好道德风尚的塑造。就这一点而言，我们每个人都是受益者。道家文化教导人们放下我执、明心见性。释家文化强调慈悲、智慧和众生平等的理念。这些都在一定程度上确保了良好的社会秩序和稳定的生活环境，也使身处当下社会中的人们在面临各种诱惑、挫折时，不至于迷失自己。所以传承儒释道文化有着非常重要的意义。

此外，流传千年的诗词曲赋也是传统文化的重要表现形式。无论是《诗经》《楚辞》，还是众多文人墨客的诗词文章，抑或是《红楼梦》《三国演义》等古典小说，都有着生生不息的艺术魅力，并且在无形中教会了我们很多立身处世的规矩。

《诗经》和《楚辞》中蕴含的规矩涵盖了言行举止、道德品质、精神追求等多个方面。《红楼梦》中更是不乏烦琐的礼仪和规矩，虽然有些已经不合时宜，但其中的很多规矩仍然对我们当下的生活有直接的指导或间接的启发作用。

东汉末年，刘备兵败后，关羽被迫投降了曹操。曹操爱惜人才，希望将关羽收入帐下，于是对关羽极尽关怀，不惜以美女和名马相赠，但关羽在诱惑面前，始终无动于衷。曹操不时宴请关羽，想要封关羽为偏将军，关羽仍不为所动。后来关羽终于探听到刘备的下落，便毅然离开了曹营，其间经过五处关隘，斩了六员拦阻的曹将，才回到了刘备身边。

关羽之所以备受后世推崇，成为"忠义"的化身，正是因其内心坚定的信念，以及对忠诚和信义的坚守。这也是古人所提倡的立身处世的原则和规矩。

在当下社会环境中，忠诚和信义仍然是衡量一个人品行的重要因素。一个人一定要忠于真理和信仰，忠于国家……对合作伙伴和员工讲信义，对朋友讲信义。

中华文化博大精深，以上只是较为常见的部分，需要传承的传统文化远不止于此。任重而道远，愿我们每个人都以此为己任，尽一份绵薄之力的同时，学习和了解相关规矩、礼俗，做个传承者。

2. 家训守正，传承祖德

古语云："不以规矩，不能成方圆。"现代人常说："国有国法，家有家规。"即国家有国家的法律制度，家庭也有家庭的规矩。一个家庭中的规矩，也就是家训，不仅是对子孙后代为人处世的道德规范，也是中国传统文化中浓墨重彩的一笔。

纵观历史上的名人，有很多留下了家训。周公旦的《诫伯禽书》，强调了谦虚谨慎的美德；司马谈的《命子迁》是为儿子司马迁而写，意在教导儿子继承家族传统，致力于史学研究；明初理学家、教育学家朱柏庐的《朱子家训》强调了修身齐家之道；被誉为"半个圣人"的曾国藩所著的《曾文正公家训》教导子孙后代如何修身、治家、亲善友邻；近代著名思想家、教育家梁启超留下了《梁启超家书》，其中凝聚了对子女的关爱和殷切希望……

诸多的家训，可谓凝聚了古人一生的智慧精华，其中不乏脍炙人口的名句。比如"静以修身，俭以养德"，此句出自诸葛亮的《诫子书》，全文为："夫君子之行，静以修身，俭以养德。非淡泊无以明志，非宁静无以致远。夫学须静也，才须学也。非学无以广才，非志无以成学。淫慢则不能励精，险躁则不能治性。年与时驰，意与日去，遂成枯落，多不接世。悲守穷庐，将复何及？"

诸葛亮深知，具备道德修养的君子应当时常自我反省，以不断完善自我，并以俭朴节约的态度来陶冶高尚的品德。若不能淡泊名利，便难以坚定自己的志向；若不能保持内心的宁静与平和，则难以实现宏大的目标。学习之道在于专心致志，人若不学，则无法增长见识；若无坚定的志向，则难以在学业上取得成就。一旦沉迷于安逸或懒散，便无法激发精进的斗志；一旦心胸狭窄、急躁冒进，则难以陶冶性情。年复一年，日复一日，若意志随着光阴的流逝而消磨殆尽，最终只会陷入孤独与贫寒的境地，届时悔之晚矣！

诸葛亮的家训，读来令人受益匪浅。然家训并非古人所独有。无论近现代，还是当代家庭，都可以有家训。

三、传承规矩：文明之道，一脉相承

察绥抗日同盟军的杰出领导人吉鸿昌，早年在冯玉祥麾下英勇征战，凭借出色的表现，一路晋升为营长、师长、国民党军长，乃至宁夏省政府主席。

在1920年，年仅25岁的吉鸿昌已身居营长之职。某日，他突闻父亲病重的噩耗，急忙赶回家中，希望能够见父亲最后一面。病榻上的父亲吉筠亭深情地望着儿子，语重心长地说："做官务必清白廉洁，时刻为天下百姓着想，为官之人，不可贪求财富。否则，即便我离世，也难以心安。"吉鸿昌听后，含泪郑重承诺。

父亲去世后，吉鸿昌将"做官不许发财"这六个字铭刻于心，视作家训。他更将这六个字镌刻在瓷碗之上，命人送至陶瓷厂，大量烧制，随后分发给全军上下。他慷慨激昂地对官兵们说："我吉鸿昌身为长官，定不会欺压百姓，掠夺民财。我将牢记父亲的教诲，为官不为财，只为天下苍生谋福祉。请各位同袍共同监督。"

吉鸿昌虽英年早逝，年仅 39 岁便壮烈牺牲，但他一生都恪守父亲的家训，保持清白廉洁的品格。

由此可见，家训对一个人的成长和思想价值观念的影响是非常大的。事实上，很多名人的家训，不仅成为自己的子孙后代的道德规范，更成为时人和后世之人的处世信条。因为这些名人往往有较高的知名度和广泛的影响力，所以他们定下的家训更容易被传播出去，也更容易被人们认可并践行。比如，《诫子书》中有"静以修身，俭以养德"一句，意在让人通过内心的平静来修养身心，通过节俭来培养优良品德。时至今日，这短短八个字仍然对人们有很大的启迪和影响。

还有一句耳熟能详的家训出自林则徐之手，林则徐在家训中强调："子孙若如我，留钱做什么？贤而多财，则损其志；子孙不如我，留钱做什么？愚而多财，益增其过。"意思是：如果子孙有才能，留下过多的财富，只会损害他们的志向；如果子孙没有才能，留下巨额财富，只会增加他们的过失。林则徐这番清醒的言论，令天下无数父母感同身受，并引为教育子女的座右铭。

家训，对一个家族乃至后世子孙的影响无疑是巨大的。然而，进入现代社会后，很多老祖宗流传下来的规矩——包括家训，以及家训的传承逐渐被忽视了，有很多家庭是没有家训的。因而，我们应当重视家训，并且可以制定属于自己家族的家训。

想要制定家训，首要的一点，就是明确家族的核心价值观，比如诚信、勤奋等等，要明确这些价值观中的哪一项是大部分家庭成员所认同且能够满足其发展需求的。当然，家训除了重视个体的成长和发展，也应关注家庭内部的和谐和团结，使家庭成员互帮互助。制定家训时，还要考虑到古今融合的趋势，融入现代社会的正能量。制定家训后，也可以根据社会的发展变化，以及家庭成员的发展需要而调整，使家训得以更好地传承下去。

对现代人而言，传承家训是一件非常有意义的事情。我们可以将家训融入日常生活和教育中，向孩子讲述家训的意义、来历，并分享践行家训给自己和全家人带来的益处。如此，可确保全体家庭成员深刻理解家训的内容，并且更乐于践行家训，做事更有规矩和礼法，不会轻易逾矩，并在家训的规范下，锻造出优秀的品质，使家族更具凝聚力，更兴旺。

3. 家风优良，泽被后世

家风，又可看作门风，反映了一个家庭或一个家族世代相传的作风、风气，以及思想价值取向。如果说家训更侧重于明确的"规章制度"，家风则可以看作一种无形的精神力量和立身处世的规矩，对家庭成员和后世子孙有着强大的影响力。

孔子就是一个非常注重家风传承的人，《论语》中说："父在，观其志；父没，观其行；三年无改于父之道，可谓孝矣。"意思是：父亲在世时，应观察他的志向；父亲去世后，应观察他的行为。如果一个人在父亲去世后，仍然能够坚守父亲的原则和家风，那么这个人就可以被称为"孝"。这段话体现了孔子对家风传承的重视，以及对家庭教育的深刻理解和重视。

家风正，家门兴。优良的家风不仅可以兴旺门楣，并且对后世子孙也会产生深远影响。

大文豪苏轼的家风源于苏杲、苏序"扶危济困"的精神，也承袭了父亲苏洵的"诗书传家""志存高远"，使得苏轼在传承父辈优良作风的同时，一生饱读诗书，颇具为政以德、心怀天下之风。

苏轼的父亲时常在外游学，母亲承担起了大部分教育责任。苏母生性善良，面对家中成群飞来筑巢的鸟雀，从不让家人捕捉、驱赶，鸟雀见到人也不惧怕，苏轼常常和鸟雀一起玩耍，并养成了像母亲一样悲天悯人的性格。而好游名山大川的父亲，每次回到家中都会给苏轼兄弟们讲一路的见闻，使苏轼从小眼界、心胸和见识都远超同龄的孩子。

苏轼进入仕途后，一直关心民生，致力于造福一方百姓。虽然仕途不顺、屡遭贬斥，但苏轼始终初心不改，以乐观豁达的心性面对人生中的挫折，一有空闲就读书赋诗。

在写给侄孙苏元老的一封家书中，苏轼这样说道："侄孙近来为学如何？恐不免趋时。然亦须多读书史，务令文字华实相符，期于实用乃佳。勿令得一第后，所学便为弃物也。海外亦粗有书籍，六郎亦不废学，虽不解对义，然作文极峻壮，有家法。二郎、五郎见说亦长进，曾见他文字否？侄孙宜熟前后汉史及韩柳文。有便寄近文一两首来，慰海外老人意也。"

苏轼深知，有些人读书是为了求取功名利禄，一旦功名到手，便会逐渐荒废读书，时间长了，就会成为脑袋空空、不学无术之辈。因此苏轼劝自己的侄孙读书时不要急功近利，并且要多读史书。在苏轼的教导下，苏元老开始沉下心来读书，最终成为学识渊博的苏门后起之秀。

正是良好的家风和教育，使包括苏轼在内的苏家几代人都在历史上留下名姓，其事迹和才名备受后世尊崇。

人们常说"父母是孩子的第一任老师，家庭是人生的第一所学校"，从这句话中不难看出，父母的言传身教对孩子的成长至关重要。

在优良家风的影响下，孩子也会养成正直善良的心性。不仅苏轼如此，观历朝历代的名人及有杰出成就者，都受益于优良家风的熏陶，或父亲、母亲潜移默化的影响。

很多人认为，鲁迅先生之所以能成为杰出的文学家、思想家、革命家，在很大程度上是受其母亲鲁瑞的影响。

鲁迅的母亲鲁瑞出生于名门大族，其外祖父、祖父、父亲都做过官，因此鲁家家教严苛，女子皆遵从"三从四德"。虽然不被允许读书，但在弟弟上课时，鲁瑞总是悄悄地旁听，时间长了，也认识了很多字。父亲对此强烈反对，但鲁瑞仍背着父亲读书学习，书籍为鲁瑞打开了一扇大门，使得鲁瑞的思想、见识与日俱增。可以说，鲁瑞的新潮思想和热爱读书的习惯都在极大程度上影响了鲁迅。

鲁迅年少时，家道中落了。鲁迅的父亲多病，母亲鲁瑞便肩负起生活的重担，含辛茹苦供鲁迅和弟弟们读书。虽然生活困顿，但是鲁瑞爱读书的习惯始终没有改变，常常对鲁迅说："阿大，我又没书看了，你再帮我找些书看。"

鲁瑞38岁时，丈夫便离开了人世。没过几年，鲁瑞又接连失去了一个儿子和一个女儿。但鲁瑞并没有被接连的打击压垮，而是尽心抚养照料三个儿子，无论生活怎样困难，也没有中断对儿子们的教育。她甚至卖掉了自己的嫁妆，供鲁迅到国外求学。

母亲坚强不屈的精神也深深地影响了鲁迅。以至于毛主席在提到鲁迅先生时曾赞叹："鲁迅的骨头是最硬的。"

在有了自己的孩子之后，鲁迅也像母亲一样重视子女的教育，他曾说："生了孩子，还要想怎样教育，才能使这生下的孩子，将来成为一个完全的人。"和很多家长不一样的是，鲁迅从未想过要让孩子功成名就、光宗耀祖，而是希望儿子成为一个"完全的人"，一个品德高尚、有益于社会的人。

在《我们现在怎样做父亲》一文中，鲁迅表示要让孩子"养成耐劳作的体力，纯洁高尚的道德，广博自由、能容纳新潮流的精神，也就是能在世界新潮流中游泳，不被淹没的力量。"在鲁迅先生的影响下，他的儿子周海婴踏实勤勉，谦虚低调，长大后成了一名无线电专家。

可以说，鲁迅和周海婴之所以能在各自的领域取得杰出成就，皆得益于优良的家风及家长的言传身教。由此可见，家风对一个人性格的养成，以及行为、处世观念都会产生重大而深远的影响。

为人父母者，留给子女的最宝贵之物，不是万贯家财，也不是稀世珍宝，而是优良的家风。

为了更好地传承家风，父母应将家风教育融入日常生活中，以身作则，通过一言一行，为下一代树立榜样，使其明白做人做事的规矩。家庭成员之间，也应保持良好的沟通，使家风传承中遇到的问题能够得到及时有效的解决。

家风的传承未必要一成不变，可以结合社会发展、家庭成员的需求等因素适当调整，使其更符合当下社会的需求和主流价值观。

4. 美德无声，立身兴国

　　国无德不兴，人无德不立。中华传统美德是指从古至今流传下来的优秀道德品质，崇高的民族气节和情感，以及良好的礼仪的总和。其中最为人所熟知、最具深远影响力的理念，莫过于"中国十大传统美德"。历朝历代的人们皆以此为规矩，规范自己，衡量他人。

　　仁爱孝悌是中国传统美德中最具特色的部分。"仁"是古代最重要的道德标准和人格境界，位列"君子五常"之首。"仁"的本质是爱人，即我们耳熟能详的"仁者爱人"。"孝悌"意为"父慈子孝、兄友弟恭"。

　　　　东汉时期，一日，孔融的父母拿出几个梨，哥哥让孔融先挑。孔融只拿了一个最小的。父亲见了，心里既高兴又惊讶，问孔融为何拿了一个最小的。孔融说："我年纪小，应该拿最小的，大的留给哥哥吃。"这就是孔融让梨的故事。

　　孔融四岁就懂得让梨。如果人人都像孔融一样，在家礼让兄弟姐妹，必然手足和睦。在外礼让同学、朋友，甚至陌生人，常怀一颗友好恭谨之心，就会拥有和谐的人际关系。所以即使在当下社会，仁爱孝悌这一美德仍然有着非常重要的现实意义。

其形成了一种和谐亲密的家庭关系，也是人生幸福和社会稳定的基石。

"谦和好礼"体现了中国人对礼仪的重视，"礼"是中国文化中非常重要的一部分。"礼"来源于人的恭敬之心、辞让之心，让人们的日常应对和一言一行更有规矩。

"诚信知报"也是中国十大传统美德之一。"诚"即真实无妄，是人们非常看重的一种品质和做人做事的规矩。

孔子的弟子曾子，是一位极其注重诚信的人。某日，曾子与妻子计划前往市场，而年幼的孩子也表达了想要一同前往的愿望。然而，曾妻考虑到孩子跟随多有不便，便用哄骗的方式让孩子留在家中，承诺回来后会为他杀猪烹食。孩子听后，满心欢喜地应允了。

待曾子与妻子从市场返回后，曾子便开始磨刀准备杀猪。曾妻急忙上前阻止，解释说那只是为了安抚孩子的谎言。但曾子严肃地对妻子说："孩子虽小，却不可欺骗。若我们今日欺骗他，他日后长大成人，也会欺骗他人。一旦频繁失信于人，他又如何能在社会中立足，与人交往呢？"最终，曾子坚持杀了猪，兑现了对孩子的承诺。

而"克己奉公"这一美德的本质是先公后私，说的是个人私利要服从社会公利的精神，强化了人们对社会、国家的责任感。

说到"精忠报国"，很多人会想到岳飞的故事。岳飞之所以被称为英雄，主要缘于其内心深厚的爱国主义情怀。无论是身处古代，还是现代社会，我们都应该在必要的时候自觉捍卫民族尊严、维护祖国利益。可以说，精忠报国的精神是推动民族发展的巨大精神力量。

"见利思义"也是一项非常重要的美德。俗话说"金钱是万恶之源"，此话虽然失之偏颇，但很多时候，人与人之间的纷争和矛盾，本质上确实是利益之争。而"见利思义"告诫人们在面对利益的时候，要多想想双方的感情和道义。永远有一些东西比金钱更重要，并且一旦失去，比金钱更加难以挽回。

"修己慎独"强调一个人在没有监督的情况下，仍然能保持高度的自觉，不做违反道德规范的事情。这一传统美德提倡人们应表里如一，言行一致。可以说，修己慎独这一美德是一种高度的道德自律和人格修养的体现。

"勤俭廉政"告诫人们要勤俭节约、廉明正直。"廉"的本义是取道义，舍贪欲，提倡人们应该严格自我约束，以免走上邪路。勤俭廉政是中国人共有的价值取向和美德。

中国传统道德也非常崇尚质朴、朴素的精神，即"笃实宽厚"。这一美德说的是处事方面的规矩，应以诚实、踏实、实干为荣，以虚伪、虚妄、空谈为耻，提倡脚踏实地。

"勇毅力行"体现了中华民族在道德意志方面的美德。在中国传统文化理念中，人们提倡"讷于言而敏于行"，强调了"行"的重要性，正是这种勇毅力行的美德，推动了社会的进步，使中华民族自强不息，不断前进。

三、传承规矩：文明之道，一脉相承

以上便是"中国十大传统美德"。

中国传统美德的核心价值理念，概括为五个字，即"仁""义""礼""智""信"。由孔子最初提出了"仁、义、礼"，孟子扩充为"仁、义、礼、智"。在此基础上，董仲舒又增加了"信"，成为"仁、义、礼、智、信"，合称为"五常"，被看作是对君子的基本要求。随着历史的发展和演变，人们又继续延展，增加了"忠、孝、廉、耻、勇，温、良、恭、俭、让"，与"仁、义、礼、智、信"统称为"中华十五德"。

此中华十五德，对于社会整体道德水平的提升具有重要作用。其中的"仁""义""礼""智""信"又被看作中华传统美德的主要内容。

中华传统美德并非空泛的概念，而是崇尚经世致用，或以完善个人修养为目的，或以稳定社会、和谐人际关系为出发点。无论是对于个人的发展，还是对于国家的前途命运，中国传统美德的传承都有着重要意义。

中国传统美德的传承是一项重要且深远的任务，需要我们从自身做起，深入理解传统美德的内涵及价值，并在日常生活中积极践行，以此为规矩，规范自己的言行。同时，还可以向身边人讲述传统美德的内容和相关故事，通过每个人的共同努力，让中国传统美德在今天焕发新的生机。

修身篇

立身规矩

中庸规矩

良知规矩

自省规矩

一、立身规矩：明心见性，以德服人

1. 读书万卷，立学为先

古人云："立身以立学为先，立学以读书为本。"意思是说，一个人想要立身，首先得从学习开始；一个人想要学习，首先得从课本上的知识开始，知识是一切进步的前提和基础。

古人强调欲治其国者先治其家，欲治其家者先修其身，欲修其身者先正其心，欲正其心者先诚其意，而后格物致知，致知意诚，意诚心正，心正修身，由此可见读书学习对于立身的重要性。有大智慧的人，才能一步一步超越自我，安身立命，从而走向高峰。

学习是一个循序渐进的过程，从出生起我们就在学习。古代人讲究先做人，后做事，在学堂中，夫子们希望学子可以在学习如何做人时，进而学习到更早之前流传下来的知识；在家庭中，父母更是从孩子小时候起就重视孩子的品德教养。西周时期，周人提出"明德慎刑""为政以德"；春秋时期出现百家争鸣的景象，儒教、道教无一不强调读书修身的重要性；唐朝时期确定了"德礼为政教之本，刑罚为政教之用"的德治方略；及至后世，学堂中的课本大都是四书五经，凡此种种，都是古人看重学德并行的例证。

而现代人较古人更看重德育并举，在学校，孩子们不仅要学习德行礼仪，也要学习古人留下来的文化知识。在生活中，父母也从不同的事情中向孩子教习知识、培养道德，教孩子做人做事的道理。古往今来，学习都是一个永恒的话题。

西汉时期，有一位名叫匡衡的才子，他热衷于学问，对读书有着无尽的热爱。然而，家境的贫寒使他无法承受起学费的重担，父母无力供他入学。

为了追寻知识的光芒，匡衡决定前往当地的一户富贵人家，希望以童工的身份换取读书的机会，不求报酬，只愿能够沉浸于书海之中。那家的主人被他的真诚与渴望所打动，欣然同意了他的请求。从此，匡衡踏上了他的求学之路。

尽管匡衡有了书读，但家中却无蜡烛照明，使得他每读一本书都要耗费数日之久。后来，他注意到邻家有蜡烛，只是那微弱的光亮无法照到他的家中。于是，匡衡灵机一动，在墙壁上凿开一个小洞，让邻家的光亮透射过来，照亮他手中的书籍。就这样，日复一日，年复一年，他凭借这份坚韧与毅力，学问日益精进。

最终，匡衡的学识与才华得到了广泛的认可，他成为西汉时期著名的学者，为后世留下了丰富的学术遗产。

宋濂的《送东阳马生序》揭露了一个现象："今诸生学于太学，县官日有廪稍之供，父母岁有裘葛之遗，无冻馁之患矣；坐大厦之下而诵诗书，无奔走之劳矣；有司业、博士为之师，未有问而不告、求而不得者也。"

可见，读书的环境越来越好，但是读书人却越来越不爱学习，而匡衡的故事告诉我们，读书的习惯不会因为环境的恶劣而改变。匡衡身处恶劣的环境中，仍然勤奋好学，从来没有放弃过求学，这是他热爱学习的体现，也是他的品质。这则故事也传达出这样一个道理：家庭贫困并不代表精神贫困，匡衡虽然家境贫寒，但是他的内心世界却十分富足，一个追求安身立命的人，理应追求精神上的富足，只有精神富足了，整个人的境界才会提升，思想才会得到升华。

书籍是一个人的精神食粮，立学是一个人立身的根本，如果一个人不讲究立身先立学的规矩，就很难安身立命，得道处世。书读多了，懂得的道理就多，倘若一个人思想空空，想让他去遵守道德，即使告诉他怎么做，他也会无从下手；相反，倘若他本身饱读诗书，明白很多做人的道理，即使不教他怎么遵守道德，他也会靠实际行动践行道德。所以，读书和道德关系密切。

古人云："读万卷书，行万里路。"这与今天的"读一本书就如同和一位高尚的人在交谈"有异曲同工之妙。一个人的智慧是小智，众人的智慧是大智，只有学到众人的智慧，才能学到众人的情操与品质。三人行，必有我师，融合众人的智慧与道德，并取其精华、去其糟粕，才是善学之人应有的本领。

战国时期的苏秦是一位杰出的政治家。然而，他年轻时学问尚浅，虽有雄心壮志，却未得重用。于是，他发愤图强，努力求学。每当深夜读书，疲倦袭来，他便用事先备好的锥子刺向大腿，那突如其来的痛感使他猛然惊醒，重新振作，继续研读。

东汉时期，有一位名叫孙敬的青年，他勤奋好学，孜孜不倦，每日自晨至夜，刻苦攻读，鲜少休息。即便有时读到深夜，困倦袭来，他也设法保持清醒。为了不影响学习，他巧妙地将一根绳子的一头系于发间，另一头悬挂在房梁之上。每当读书疲劳、瞌睡袭来，只要头一低，绳子便扯住头发，带来痛楚，从而让他瞬间清醒，继续投入书海。正是这股坚韧不拔的求学精神，使他日后成为一位声名显赫的政治家。

悬梁刺股的故事我们并不陌生，两位古人的苦读经历告诉我们，学习可以帮助我们实现梦想，改变人生。在两位古人的生命中，正是因为勤奋好学、孜孜不倦，他们才会改变自己的命运。

立学对立身有着极其重要的作用。立学之所以是立身的一条规矩，是因为学习是一个人认识世界的根基，一个人如果根基不稳，又何谈立身呢？立身讲究明心见性，以德服人，而要做到这两点，就需依靠读书的力量。在读书的过程中，我们不仅能学习到流传千古的知识，还能以此来培养自己的品德，将书本上的道理深深印刻在我们的脑海中，将书本上的道德实践到生活中，以此在为人处世上精益求精，在修身之路上行稳致远。

一、立身规矩：明心见性，以德服人

2. 哲学箴言，立身之道

在中国古代经典著作中，有许多关于立身之道的哲学箴言，这些箴言强调了个人修养和道德品质对于塑造人格的重要性。通过《论语》《大学》等著作的教导，我们可以窥见古代智者对于立身之道的深刻思考。

中国古代智者认为，一个人的立身之道首先在于修养自己的品德和行为。《论语》中云："君子务本，本立而道生。"这句话强调了修身养性的重要性，认为一个人应该注重培养内在的品德和素养，从而使得其行为能够展现出高尚的道德风范。此外，《大学》中提到的"格物致知，诚意正心，修身齐家，治国平天下"，也强调了个人修养对于社会治理的重要性。

颜回是孔子门下的得意弟子之一，他以清廉正直、才智过人而闻名于世。颜回曾向孔子请教如何立身修行。孔子指导他要先修养自己的品德，再去治理家庭、国家和天下。颜回虚心接受了孔子的教诲，开始了刻苦的修行之路。

颜回从孔子那里学到了"君子务本，本立而道生"的道理，意识到修身是立身之本。他开始注重内在修养，努力修炼自己的品德和人格。他虚心向他人学习，不断进行自我反省，努力克服自己的缺点和不足。经过长期的努力，颜回逐渐成为一个有德有才的君子。他在行为举止中体现出高尚的道德风范，受到了孔子和其他人的赞赏和尊重。最终，他在家庭、国家和社会各个领域都取得了辉煌的成就，成为一位备受尊敬的伟大人物。

有一次，孔子和他的弟子们受邀参加一位贵族的盛宴，场地设在一座华丽的庭院里，气氛庄重而喜庆。

孔子的弟子子路个性豪放，喜欢热闹和宴饮。宴会进行到一半时，子路已经略显醉态，开始大声高歌，笑语盈庭，举止粗鲁。他的行为打破了宴会的庄严氛围，引起了其他宾客的不满和孔子的不悦。

孔子对子路的失礼行为感到愤怒和失望。他站起身来，严肃地对子路说："君子不重则不威，学则不固。主忧道不迷，今而后君子。"这句话中充满了对礼仪和修养的重视，孔子教导子路要时刻谨记君子的品德在任何情况下都不可动摇，更不应该为了一时的热闹而失去自己的道德准则。

孔子的严厉斥责让子路感到羞愧和懊悔。他意识到自己的行为严重违背了孔子的教导和礼法，损害了自己的名誉和尊严。

随着时间的推移，子路开始认真反省自己的言行举止，努力改善自己的品行和修养。他恪守礼法，尊重师长，虚心学习，不断自我修炼，逐渐成为一个备受尊敬的君子。

在中国古代，立身之道受到高度重视。那些遵循规矩，修养品德的人往往能够在人格修养上取得不俗的成就，而那些背离规矩的人则往往会受到道德的谴责和社会的惩罚。立身之道的核心在于通过修身、齐家、治国、平天下的逐步实践，达到个人与社会的和谐统一。

《大学》开篇即言："大学之道，在明明德，在亲民，在止于至善。"这句话强调了个人修养的重要性，以及通过个人修养促进社会和谐的理念。

孔子曰："仁者爱人"，强调了对他人的关爱与尊重；"义者，宜也"，倡导人们在行为上追求正义；"礼者，理也"，礼是维护社会秩序的规范；"智者，不惑"，智慧是明辨是非的能力；"信者，不欺"，诚信是人际交往的前提。

古人评论立身之道，往往强调内外兼修，既要有深厚的道德修养，又要有适应社会的智慧。通过不断学习、自我反省和实践，个人可以在社会中找到自己的位置，实现个人价值，同时促进社会的稳定与发展。立身之道不仅是个人修身的指南，也是治国平天下的基础，其深远影响至今仍为世人所推崇。

唐代诗人王维早年便遭遇丧父之痛，而他的母亲是一位虔诚的佛教居士。王维在 21 岁时成功考中进士，并担任大乐丞一职。然而，因一场涉及戏子跳黄狮子舞的纷争，他受到牵连，被贬为济州司仓参军。在安史之乱期间，王维不幸被安禄山囚禁，并被迫接受伪职。叛乱平定后，他因此事入狱，幸运的是，一年后得到肃宗的赦免。此后的几年里，他一路升迁，最终官至尚书右丞，但那时他已步入晚年，对世俗的繁华已看淡。

王维的一生中，有许多时光是在隐居中度过的。早在18岁之前，他便有过隐居的经历。728年，他隐居淇上，后来移居嵩山，这次是解官归隐，直至735年再次被任命为右拾遗。741年至745年间，他又选择终南山作为隐居之地。到了750年，王维购得宋之问在蓝田辋川的别墅，从此过上了亦官亦隐的生活，这种状态一直持续到公元756年被安禄山拘禁。

从王维的诗作中，我们可以窥见他内心的修为。在40岁左右，他已经开始培养修道之心。晚年时，他主要居住在城中，家中常有十几位僧人与他交流修佛心得。每当退朝归来，他便独自焚香静坐，潜心修禅，追求内心的宁静与超脱。

王维的修身立身之道可以说是基于佛学思想和自然观察的结合，具有独特的个人风格和深刻的内涵，包含着对佛学思想的理解与信仰、对自然的热爱与体验，以及对隐居生活的向往与追求。这种修身立身之道在他的诗作和生活实践中得到了充分的体现，对后世的文化传承和精神追求都产生了深远的影响。

当代社会，修身立身规矩是指个人在日常生活中遵循的一系列行为准则和价值观，其核心目的在于培养良好的品德修养、提升个人素质、促进社会和谐。这种价值观可以从多个角度进行评价，包括诚实守信、谦虚谨慎、尊重他人、孝顺父母等。这些价值观有助于塑造个人的良好品格，培养出社会需要的道德品质。不仅能够培养出坚强的意志力，还能够提高个人的自我管理能力。这种自我约束和自律对于个人的成长和发展至关重要。通过遵循修身立身规范和准则，能够减少个人与他人之间的冲突与矛盾，促进社会的稳定与发展。

修身立身规矩承载着传统文化的精髓和智慧，是一种文化传承的重要方式。遵循修身立身规矩，可以最大限度地传承和弘扬中华传统文化的核心价值观，推动社会的进步。

3. 忠以处事，恕而束身

《论语》中云："己欲立而立人，己欲达而达人。"意思是说，自己想要立身，也要帮助别人立身，自己想要发达，也要帮助别人发达，这是"忠"的含义。又云："己所不欲，勿施于人。"意思是说，自己不想做的事，也不要强加在别人身上，这是"恕"的含义。遵循忠恕之道，才算遵循了儒家的道德规范。

早在春秋时期，儒家便有忠恕的说法，忠者，推己及人，为别人谋划；恕者，将心比心，为别人考虑。两者皆是从自己出发，由己及人，不因自己而做损害他人的事，不将连自己都不想做的事强加给他人，可以说，做到忠恕，不仅会助力人们的人际交往，还有利于自我提升、自我正心。

在《礼记·中庸》中，忠和恕的关系有更加准确的诠释，言曰："忠恕违道不远，施诸己而不愿，亦勿施于人。"这里将忠恕合二为一，作为一个整体当作人生准则，但细分来看，忠是从积极的一面出发，一个人在追求发达的道路上有两层境界，一是不阻碍别人发达，二是帮助别人一起发达，这既可以理解为待人宽厚忠心，也可以理解为自身宽宏大量；恕是从消极的一面出发，主要讲究束己，有时候无为而治也是对自己的负责，不要对别人强行灌输自己的想法，封住自己的言行，也就做到了勿施于人。

战国时期，赵惠文王因为蔺相如在外交上的卓越表现，提拔他为上卿，地位甚至高于大将廉颇。这让廉颇心生不满，甚至扬言要当面羞辱蔺相如。

蔺相如得知后，为了避免冲突，开始处处留意，尽量避让廉颇。

有一次，蔺相如乘车外出，远远看到廉颇骑着高头大马迎面而来。他立刻让手下人把车赶到小巷里，以免和廉颇正面相遇。

蔺相如的门客见状，误以为他害怕廉颇，感到十分气愤。

蔺相如耐心地解释说："你们觉得，是廉将军更厉害，还是秦王更厉害呢？"

门客们毫不犹豫地回答："当然是秦王更厉害。"

蔺相如微笑着说："我连秦王都不怕，又怎么会害怕廉将军呢？其实，秦国之所以不敢轻易对赵国用兵，正是因为有我和廉将军两个人在啊！"

这番话传到了廉颇耳朵里，他深受触动，为自己之前的言行感到惭愧。于是，他脱下上衣，背上绑了一根荆条，亲自上门向蔺相如请罪。他诚恳地说："我是个粗人，没想到丞相对我如此宽容。"

蔺相如看到廉颇态度真诚，便亲自解下他背上的荆条，请他坐下。两人坦诚交谈，从此成为生死之交。

负荆请罪是我们耳熟能详的一则故事，这个故事便体现了"忠恕"中的"忠"，廉颇和蔺相如的忠不仅体现在双方，也体现在国家。从小的方面来说，蔺相如正是因为想要立身于朝堂，所以才不想和廉颇产生不必要的争执，也不想损害廉颇的利益，而是希望两人能够和平相处，共同立足，这是对他人的忠；从大的方面来看，两人都是为了国家的前途发展考虑，只有两人不起内讧，赵国才可以安稳发展，这是对整个国家和社会的忠。

由此可见，忠其实有两层境界，一层是为他人考虑，更高一层是为整体考虑，如果本身的目标就是为了整体的大义，那么第一层境界就很容易做到。而为人本身就讲究顾全大局，从整体出发，讲究中和理事。蔺相如身为朝中大臣，也身为正人君子，正是因为把"忠"当成"规矩"，才能够与廉颇交好，自身的前途和国家的安全才得以保障。

忠和恕放在一起，遵循了"中和"的道理，一方消极，一方积极，一方为别人，一方控己身，正如阴阳八卦图，阴阳调和，方能平衡。对人来说，"忠"和"恕"产生调和，也就能达到自身的平衡，人生境界的平衡。

战国时期，梁国与楚国相邻，两国在边境上各自设立了界亭，亭卒们分别在自己的地界种下了西瓜。梁国的亭卒非常勤奋，西瓜藤生长得旺盛而健壮；楚国的亭卒则较为懒惰，他们的西瓜藤长得又细又弱。

出于嫉妒，楚国人竟然趁着夜色越过边界，把梁国的西瓜藤全都扯断了。梁国人发现自己的西瓜藤被人扯断后，感到十分愤怒。他们立即向县令宋就报告了这件事，并打算也去扯断楚国的西瓜藤。宋就劝阻说："楚国人这样做确实很过分。但是，如果我们因为别人做错事而跟着去做同样的错事，那就显得我们的心胸太狭隘了。我们应该以和为贵，不要陷入报复的循环。"

亭卒们觉得宋就的话很有道理，于是决定帮助楚国人种瓜。几天后，楚国人发现自己的西瓜藤长势越来越好，感到非常高兴。他们仔细观察后发现，原来是梁国人每天都在悄悄地为他们的瓜田浇水。

楚国边县的县令听到亭卒的报告后，既感到惭愧，又敬佩梁国人的大度。于是，他将这件事上报给了楚王。楚王听了之后，深为梁国和睦边邻的诚意所感动，特意准备了一份厚礼送给梁国，以表达自责和深深的谢意。

从这则故事中，我们可以明白一个道理：不将自己都不愿意做的事强加在别人身上，能够换来双方共赢的结果。如果梁国亭卒没有询问县令，而是直接将楚国瓜田的瓜秧扯断，双方肯定避免不了一场冲突，梁子就此结下。正是因为宋就懂得"己所不欲，勿施于人"的道理，并将此讲述给梁国亭卒们，才换来楚国的尊重与友好往来。

可见，"忠"与"恕"是做事时必不可少的两条规矩，两者合二为一方能达到中和。君子处世，就应讲究忠恕的规矩，考虑自身的行为会带来的后果，不要束缚他人、损害他人，要顺其自然。遇到对自身有益的事情时，要以大局为重，同时考虑到别人的利益；遇到对自身有损害的事情时，也要综观全局，不要让自身影响到别人，这样做才能既有利于自己也有利于整体。

在日常生活中，我们要时刻谨遵"忠恕"这条规矩，以矩束己，宽宏大度，无过不及，如此，我们的生活才会少些不必要的烦恼，人生境界和思想境界才能提升一个层次，努力向贤者和圣人的目标迈进。

4. 正心正行，修德养性

何谓修德养性？是通过修养个人的道德品质和性格来达到个人完善和社会和谐。一个具有高尚品德和卓越智慧的人，总是能够赢得人民的信任和尊敬，为国家的治理打下坚实的基础。礼仪、忠诚和正直是确保社会和谐的基石，维护社会秩序，促进人际关系的和谐，更能为国家的稳定和发展创造良好的社会环境。治理国家需要细致入微的智慧和耐心，从小处着手，解决大问题。这种智慧和耐心，正是个人修养的体现。

春秋时期，齐国正面临着内忧外患，国力衰弱，民不聊生。新即位的齐桓公决心重振国家，于是任命了才智卓越的管仲为相国，开始了变革之路。

管仲上任后，立即着手进行土地改革，他平均分配土地给农民，鼓励农业生产，确保粮食的稳定供应。随着百姓的生活逐渐稳定，他们开始追求更高层次的精神文化生活。管仲的那句名言"仓廪实则知礼节，衣食足则知荣辱"也正诞生于此时，于是他在齐国推广礼仪教育。他知道，当人们的基本生活需求得到满足后，会自然而然地追求更高的道德标准。

随着经济的恢复，管仲开始着手整顿国家的道德规范。

他在《管子·牧民》中提出"守国之度，在饬四维"，强调"礼、义、廉、耻"的重要性。为了实现这一目标，管仲采取了一系列措施：在齐国的各村落建立了学校，教授礼仪和传统道德，使得尊重和礼貌成为社会常态。当齐国遭遇严重旱灾时，管仲亲自下乡，与百姓一同抗旱，他的行为激励了官员和百姓共同努力，共克时艰。

管仲还是廉洁的典范。一位外国使者试图以重金贿赂管仲以换取齐国的支持，管仲严词拒绝，并公开此事，以此警示官员和百姓务必要廉洁自律。

齐国与邻国鲁国因边境土地的归属问题产生了激烈的争端，紧张的气氛昭示着冲突一触即发。在谈判桌上，管仲展现出了非凡的智慧和口才。他首先承认了边境争端的存在，并表达了齐国愿意和平解决问题的诚意。他提出重新划定边境线，还承诺对鲁国农民在齐国境内的损失给予补偿。管仲的外交智慧和对和平的执着追求，赢得了齐国和鲁国人民的尊敬。

管仲的智慧、忠诚和正直，以及在各种事情上展现出的政治才能和高尚品德，使他成为中国政治史上的一位杰出人物。一个人的修德养性不仅关乎个人的前程，也关系到社会的和谐与稳定。注重礼仪、恪守忠诚、正直无私，是一个人立身处世的关键。

陈仲，本名陈定，字子终，因为是家中的次子，所以常常被人称为仲子。他出身一个条件优渥的家庭，自幼就接受了高质量的教育。陈仲子对于行贿受贿有着强烈的反感，他总把贿赂物品看作"不洁之物"，避之唯恐不及。而他的哥哥，身为齐国大夫，享受着丰厚的待遇，却还常常接受别人的贿赂。

有一天，陈仲子回家，正好撞见哥哥收下了别人送的一只鹅。他当场直言不讳地指出了哥哥这种不正当的行为。陈仲子自己则是廉洁自律，始终希望人们能够根除内心的贪欲。

有一年，当地遭遇了严重的大旱，百姓们连喝水都成了问题。陈仲子每天清晨都会背着瓦罐，步行十里去取水。那天，天还没亮，陈仲子就从那个水量不多的泉池中舀满了一罐水，泉池近乎干涸。随后，陆续有人过来取水，看到泉池几乎干涸，都懊悔自己来得太晚，唉声叹气。陈仲子看到这一幕，心里十分惭愧，他反思：自己为什么要抢在别人前面取水呢？这种行为难道不是贪欲的体现吗？于是，他赶紧拦住大家，把自己辛辛苦苦取来的水全部分给了别人，自己一滴也没留。

陈仲子的廉洁和不贪，是他立身修德的一种方式。人生在世，要时时省身自查，秉持正行，涵养正行，恪守修行规矩，如此才能慢慢地提升个人修养和德行。

二、中庸规矩：不偏不倚，无过不及

1. 慎以修身，独行千里

《礼记·中庸》有言："是故君子戒慎乎其所不睹，恐惧乎其所不闻。莫见乎隐，莫显乎微，故君子慎其独也。"意思是说，君子即使身处没有人能够看见的地方，也要小心谨慎，即使身处没有人能听到的地方，也要心存敬畏，一个人的品质是从细微处看出的，所以，君子要学会慎独。

慎独，要求君子自律自戒，人前人后不能言行不一、两面三刀，做任何事都要合乎道义，不能背道而驰。作为一种中庸规矩，慎独是古人"每日三省吾身"的省思，只有言行保持一致，私下与明面上都不相违抗，才能做到正身清心、刚正不阿，达到修身的最高境界，正所谓见微知著，就是这个道理。

古人讲究事事慎独，在严于律己的过程中，又提出"六慎"来时刻约束自己的行为，这六慎分别是慎微、慎言、慎行、慎欲、慎权、慎断，从拘小节、慎于言、束行止、控欲望、戒滥权、慎决策六个方面来向世人讲述慎独的道理。林则徐在家中悬挂"慎独"二字来规范自己，康熙用"暗示不欺"来告诫子孙，武则天用"慎朝"来约束官员，不难看出，他们都将慎独当成了一条规矩，独善其身者以这条规矩约束自己，子女满堂者以这条规矩告诫后代，位高权重者以这条规矩掌管国家，由此可见，慎独适用于任何人。

曾国藩，晚清四大名臣，湘军创立者和统帅，他在 31 岁那年，给自己定下了每日十二条必修课，分别是主敬、静坐、早起、读书不二、读史、谨言、养气、保身、日知其所无、月无忘其所能、作字、夜不出门，并将这十二条日课册取名为《过隙集》。

在定下这十二条课程后，他日日践行，一以贯之，并以此来约束自己、要求自己。正是凭借这种严格对待自己的态度，他得以成就功名，并树立了做人的标杆。

这十二条课程，正是他自身对慎独的独到见解和践行。他临终前，给子孙留下四条遗训，第一条就是"慎独则心安"，如果能做到慎独，则内心坦荡，心中无愧疚之事，人也就可以泰然处之。

从曾国藩的故事中可以看出，慎独对于一个人的人生有着重要意义。曾国藩就是遵从了自己内心的"修身十二法"，以"慎独"的态度来修身才功成名就，成为晚清名臣的。同时，从这则故事中我们也可以看出，慎独在任何时间实践都不晚。很多人在 31 岁时就已经不想再做出改变，但曾国藩不仅做出了改变，还以此来规范自己，将慎独当作一项生活规矩来遵守，当成人生准则来践行。

所以，我们在日常生活中，也要遵守慎独的规矩。当然，"慎独"并没有明文规定一定要怎么做，但我们可以给自己制定规矩，就像曾国藩那样，根据自己的情况制定适合自己的慎独规矩，并在日常生活中时刻践行。

在古代，几乎所有的君子都谨遵慎独这一条规矩，包括古代有名的思想家、政治家，在修身上都讲究慎独。慎独是一种崇高的人生境界，它要求君子在做人做事方面对自身严格管理，又并非严格到极端，它遵循的是一种中和的原则。讲究慎独的人，必然有一定的自控力、调和力，能够运用好慎独的人，也势必会比别人多出一分气节，多出一分风度。

金末元初时期的许衡是杰出的思想家、教育家。

有一次，许衡外出赶路，由于天气炎热，他汗流浃背、口干舌燥，可是一路上却荒无人烟，无处讨水。

正在犯难时，他偶遇了几个经过此地的商人。这群人也因为没有水喝，倍感疲惫，坐在一棵大树下乘凉，研究怎么才能找到水源。就在大家议论纷纷之时，只见一个商人从不远处跑来，怀中抱着一大堆刚摘下来的梨子，他将梨子分发给大家，让所有人一起解渴。

有人问这个商人梨子的来源，他就一五一十地说了。原来，在距离他们不远处有一个梨园，这些梨子就是从那里采摘来的。其他商人听到这个消息，立刻兴奋地向梨园的方向奔去了。只有许衡留在原地，不为所动。

刚摘梨回来的商人好奇地问许衡："大家都去摘梨子了，你怎么不去，你不渴吗？"

许衡不紧不慢地反问："你认识这家梨园的主人吗？"

商人不以为意地说："摘几个梨子而已，主人若是在场，我自然会付钱给他；但是他并不在场，我吃他几个梨子也无关紧要吧？"

许衡却很严肃地告诉这个商人："如果梨园的主人不在，我们就要管好自己，守住自己的心，不去碰那些梨子，否则和偷又有什么区别呢？"

听了许衡的回答，商人取笑他读书读傻了，不会变通，而后继续去梨园摘梨子了。许衡只好摇摇头离开了这里。

梨虽无主，我心有主。许衡不摘梨的行为，被商人所不理解，他在别人眼中或许是自诩清高，装模作样，但只有他自己清楚，违背道义的行为千万不能做，破坏原则的事情也必须被制止。故事中的许衡正是遵循了慎独这一规矩，在无人的地方严于律己，不因小贪而损人利益，才修身自我，有所成就。

在日常生活中，慎独的人容易被人误解，就像许衡，很多人觉得他傻，在形势紧急的乱世，居然还保持高尚的节操，实在可笑。在他们看来，身处乱世就应该先为自己着想，而许衡这种人，明显与他们这种在乱世中丢弃道义的人不同。

慎独是修身的最高境界，真正能够达到这种境界的人本就寥寥无几，讲究慎独的人更是少之又少，如果许衡选择跟随众人一起去树上摘梨吃，不仅违背了他心中的道义，也意味着他成了被世俗裹挟的一类人。

慎独要求君子随时随地、每时每刻都要遵守内心道义，如果因为世态的改变而选择性地遵守，就不算真正的君子。要知道，正是因为世态繁华，慎独才得以传播万里，也正是因为世态炎凉，慎独才更显弥足珍贵，若是因为时代变了而没有遵守慎独的规矩，也就破坏了慎独给予自身的中和之力，人生的境界就会下降。

二、中庸规矩：不偏不倚，无过不及

2. 格物致知，至诚以对

《礼记·中庸》有言："唯天下至诚，为能经纶天下之大经，立天下之大本，知天地之化育。"意思是说，只有天下的至诚，才能成为治理天下的崇高典范，树立天下的根本法则，掌握天地化育万物的规则，格物致知，方能万物合一。

古人在做事时就讲究不能对一些人不诚，对另一些人诚，不能有时候诚，有时候不诚，必须事事都诚，贯彻如一。至诚有三个层次：第一个层次是让自己"尽性"，先成就自己，发挥自己的用处；第二个层次是让别人"尽性"，在发挥自己用处后，发挥别人的性能；第三个层次是让万物"尽性"，从一个人尽性到所有人都尽性。

圣明的君子不仅会让自己身处在世得到最好的发挥，也会让万物遵循自身的发展，发挥其性能，达到天、地、人合一的状态。

讲究至诚的规矩，就是贯彻格物致知的道理，人要不断追求自身境界的提升，在人生道路上，先追求自我的提升，发挥自我的用处，进而发挥别人的用处，发挥万物的用处，一环扣一环。

如果一个人善于开发自己，在处事上机敏能干，不仅能够很快地发掘自我，迅速找到自己的价值，还能够以此类推，将这种价值传授给别人，让别人也学会发掘这种价值，就会形成"众人拾柴火焰高"的局面，继而做到天地人合一，达到至诚之境。

鲁班，这位古代中国的杰出发明家，曾面临一项极具挑战性的任务——建造一座宏伟的大宫殿。

由于工程规模庞大，所需木料数量惊人，且工期紧迫，鲁班的徒弟们每天都上山辛勤砍伐树木。然而，当时缺乏锯子这一工具，他们只能依靠斧子进行砍伐，效率低下且劳动强度极大。尽管徒弟们每天筋疲力尽，但木料仍然供不应求，工程进度严重受阻。

在那个时代，无法按时完成工程意味着严厉的惩罚，鲁班因此倍感焦虑。

为了寻找解决之道，鲁班决定亲自上山查看情况。在山中行走时，他偶然触碰到一种生长在山上的野草，顿时感到一阵刺痛，原来他的手被草叶划破了。

鲁班对这一现象感到十分好奇，心想：这看似柔弱的野草为何如此锋利？他仔细折下草叶观察，发现其两侧布满了细密的小齿，正是这些小齿划破了他的手。这一发现让鲁班灵光一闪：既然草叶的齿可以划破皮肤，那么铁条上如果也有许多小齿，岂不是可以锯断大树？

在金属工匠的协助下，鲁班成功制作出了第一把锯——一根带有众多小齿的铁条。他迫不及待地去尝试锯树，果然发现其效果远胜于斧子，既快速又省力。就这样，"锯"这一工具在鲁班的智慧与努力下诞生了。

从这则故事中我们可以看出，个人的智慧可以影响整体。小草划破手指这件事情，在别人眼里再正常不过，但是在鲁班眼中，却成为做锯子的一个灵感，正是因为鲁班善于观察生活，善于实践想法，才有了对后世影响巨大的发明。

所以，至诚极为重要，对每件事都专心致志，诚心应对，才能开发自我，发挥自己的价值。

为人处世上，至诚同样是一条人们谨遵的重要规矩。人们坚信，至诚能够让自己更善立身立世，也会造福后世。一方面，我们在成长的过程中不断接受教育，提升自己，这是我们对自己的提升；另一方面，我们在开发自己的时候，多半会用到古人留下的智慧，这是古人对后世的启发。天地之间正是有了这种循环，万物才得以共同发展，也正因如此，至诚才会一直作为一条重要的中庸规矩被世人所遵守。

李时珍出生于一个医学世家，他的祖父和父亲都是医生。从小，他便深受家庭影响，对医学产生了浓厚的兴趣，并在二十四五岁时便开始了自己的行医生涯。他一边治病救人，一边深入研究医药书籍，不断积累知识。

他阅读了众多药物学著作，如《神农本草经》《本草经集注》《唐本草》《蜀本草》《证类本草》和《开宝本草》等，从中学到了许多宝贵的医学知识。然而，他也发现这些书籍中存在许多错误和遗漏之处。于是，在34岁时，他下定决心要编写一部新的药物学巨著。为了完成这部作品，李时珍倾注了毕生的心血。

当时，李时珍听说家乡蕲州有一种名叫蕲蛇的毒蛇，是非常珍贵的药材。为了深入了解这种蛇的形态和习性，他亲自前往蕲蛇的产地——龙峰山进行实地考察。

李时珍治学严谨，从不会不懂装懂。有一次，他在一本唐代书籍中读到一种名叫"食蛇鼠"的外国动物，据说这种鼠能吃毒蛇，而且人如果被毒蛇咬伤，只需抹上这种鼠的尿便可解毒。然而，李时珍对这种说法持怀疑态度，因为他无法找到这种"食蛇鼠"进行验证。于是，他在书中如实记录了这一说法，并提醒后人进行查证。

经过长达27年的艰苦努力，再加上他的儿子、孙子和徒弟们协助抄写和绘图，李时珍终于完成了这部宏伟的巨著——《本草纲目》。这部作品不仅是他个人医学成就的巅峰之作，也为后世的医学研究提供了宝贵的参考。

李时珍耗费一生写完巨著，也遵循着天地至诚的规矩，他将自己的想法实践于天地之间，不仅创造出了绝世佳作，还最大程度地发挥了自身的价值。而李时珍的个人行为不仅为当时的医学界发展做出了卓越贡献，还带动了更多的人投身医学领域，他的价值不仅对自己有意义，对他人、对世界也有着重大意义。

及至当代社会，至诚依旧是处世方面的一条潜移默化的规矩。至诚，要求从自身做起，只有从自己出发，提升自己的认知，提高自己的格局，扩大自己的视野，学习更多的知识，才能从细节观察到世界，才能将问题与实际结合起来，创造奇迹。

3.素位而行，行稳致远

《礼记·中庸》有言："君子素其位而行，不愿乎其外。"意思是说，君子应该做好自己分内的事情，安于所处的地位，不艳羡别的事情，不对本分之外的事情有非分之想。素指现在，处在；素位，就是指现在所处的位置。

人生在世，应遵循素位而行的规矩，素位而行作为中庸之道的七项要求之一，对君子的行为处事提出了最基本的要求。不是现在该做的事就不要做，不是自己该做的事情不掺和，与其一直想着自己该做什么事情，不如把当下的事情先做好。成事在人，连当下的事情都无法尽力完成，却妄图完成之后的事，无疑是本末倒置。身处在世一定要看清自己的位置，不羡慕没拥有的，不嫌弃拥有过的，知足常乐，素位而行。

从古至今，都流传着"鱼与熊掌不可兼得"的道理，但这个简单的道理说来容易，做起来却难，也正因为难，所以在感悟这个道理的过程中才需要遵从"素位而行"的规矩。

人人都有野心，都想鱼与熊掌兼得，但是在不经过思考和选择莽撞行事后，往往事与愿违，事后又埋怨当初，这就是未经素位而行的思考换来的结果；相反，珍惜当下，量力而行，做好自己的分内事，不空想未来，就不会造成让自己后悔的结果。要知道，每个人都是普通人，没有那么多的精力处理未完成的事情。而想要收敛野心，不羡慕自己分外的事，最重要的就是立志，只要心中有明确的目标和计划，不管外界如何改变，周围充满多少诱惑，都会始终如一，坚守内心。

东汉时期，有个名叫陈蕃的才子，他学识丰富，志向远大，自幼便刻苦读书，立志要为天下苍生尽一份力。有一天，陈蕃的父亲的老友薛勤来访，看到陈蕃独居的院子里杂草丛生，垃圾遍地，便忍不住提醒他："你这院子也太乱了，怎么也不打扫一下，好招待客人呢？"

陈蕃听后，回答道："大丈夫活在世上，应当志在清扫天下，怎能只局限于打扫一间屋子呢？"薛勤听后，反问道："你连一间屋子都打扫不干净，又怎么能去清扫整个天下呢？"

陈蕃被问得哑口无言，深感薛勤的话很有道理。从此，他开始注重从身边的小事做起，不再忽视任何细节。他逐渐改变了自己的习惯，从打扫屋子开始，逐渐扩展到处理各种琐碎事务。最终，他凭借这种严谨的态度和不懈的努力，成为一代杰出的名臣。

一屋不扫，何以扫天下？这句名言正印证了素位而行的道理。陈蕃最初总认为自己能干大事，以至于忽视了身边的小事，好在他听从规劝，从分内之事做起，才朝着正确的方向走去。

素位而行的中庸规矩，讲究量力而行。素位要求君子遇事不能逃避，要勇于接受，但也不能盲目接受——不是自己当前的状况无法实现的不要接受、超出自己本分的不要接受。素位作为中庸的规矩之一，本就有着中和的意思，讲究不偏不倚，无过不及，放在做人处事上，就是没有妄想，不过分羡慕，只有做到这样，才能进一步提升自己的修养。

素位而行，不仅能够让自己看清未来想要的是什么，也可以为自己摆脱很多不必要的麻烦。古人立志成功的事例数不胜数，在面对外界诱惑的时候，心中有大志就不会动摇，别人有什么都与自己无关，对自己来说，最重要的是守住志向，完成志向，心中有志才能心无旁骛。

春秋时期，吴王夫差仗着国家强大，率兵攻打越国。越国不幸战败，越王勾践被迫成为吴国的俘虏。为了羞辱勾践，夫差让他看守墓地、喂养马匹，做尽奴隶的活儿。勾践尽管内心愤愤不平，但还是努力装出忠诚顺从的样子。

夫差外出时，勾践恭敬地牵马前行；夫差生病时，勾践则守在床前细心照料。夫差见勾践如此尽心尽力，渐渐相信了他的忠心，最终允许他返回越国。

回到越国后，勾践立志要洗刷自己在吴国的屈辱。为了提醒自己不忘复仇，他每晚睡在硬木板上，门前挂着苦胆，饭前饭后都要尝一尝，以此铭记曾经的苦难。

同时，勾践深入民间，了解民情，帮助百姓解决问题，让国家安定、人民富足。他还大力加强军队训练，提升国家实力。经过十年的艰苦努力，越国逐渐变得富强，军队也越发强大。

最终，勾践亲自率领越国军队进攻吴国，并一举取得胜利。夫差在战败后羞愧难当，选择了自杀。越国乘胜追击，进军中原，成为春秋末期的一大强国。

十年卧薪尝胆，一日兵戈铁马，改朝换代。勾践的成就，无疑与素位而行的规矩关系密切。在复国的过程中，勾践没有空想，始终在践行自己的志向，在为自己既定的梦想努力，所以取得了最终胜利。从这则故事中我们也可以看出，素位而行的同时，还要做到坚持不懈。

4. 致道中和，喜怒随心

《礼记·中庸》有言："喜怒哀乐之未发，谓之中；发而皆中节，谓之和。"意思是说，如果喜怒哀乐的情感都没有发生，就称为"中"，如果喜怒哀乐的情感发生了，但是都适度有节，没有不受控制，就称为"和"，中和作为中庸之道中的一条规矩，是君子行为处事时把控内心情绪的规则。

没有任何情绪的时候，就是"喜怒哀乐之未发"，这个时候本身不与外界接触，情绪波澜不惊，从外界看来没有任何显现，而中者，本身就指不偏不倚，这种情绪未动的静止状态，自然就是"中"的表现；一旦与外界接触，自身的情绪就有了变化，这个时候控制好自己的情绪，做到大喜大悲不外露，大怒大气不外显，就是做到了"和"。

情绪宣泄得当，不仅是情感上所表现出来的和，更是一种天然之道的和，一个人在发泄情绪的时候，做到"中"与"和"结合，就掌握了情绪上的中庸之道。

当喜则喜，当悲则悲，中和不是指不能发泄情绪，而是指控制情绪。古人讲究从容自若，沉静内敛，为了平衡情绪起伏带来的偏倚，古人用肢体、言语来平衡情绪的变化，遇到大喜之事时，往往用作揖、拥抱来表达喜悦之情；遇到大悲之事时，往往用颔首、搓手来缓解悲痛之情；遇到大怒之事时，往往用顿足、踱步来表达悲愤之情，与此同时，还有各种相应场合之下的话术，比如"幸会""拜见""难掩"，这些都是古人为了调节情绪起伏而采取的措施。可见，在古人心中，控制情绪是一件非常重要的事，想要参悟中庸之道，就得先遵从致中和的规矩。

1861 年 7 月，咸丰皇帝临终前，指派肃顺等八位大臣为顾命大臣，负责辅佐同治皇帝。然而，实际上，肃顺却成了权力的核心人物。

某日，因镇压太平天国而功勋卓著的曾国藩，收到了胡林翼转交的肃顺的密函。信中，这位精明能干的顾命大臣推荐他出任两江总督一职。对于在官场中一直未能大展拳脚的曾国藩来说，这无疑是一个极好的机会。他急需得到朝中重臣的支持，以消除清廷对自己的疑虑。毕竟，有棵大树遮阴总是好事，攀上肃顺这棵大树，让他在朝中为自己说话，无疑是非常有利的。

于是，曾国藩打算提笔给肃顺写封信表示感谢。然而，在写了几句话后，他停下了手中的笔，开始冷静地思考。他深知肃顺性格刚愎自用，目中无人，用现代的话来说，就是既有才华又有脾气。同时，他也了解到西太后慈禧是一个心志极高、权力欲强且心机深沉的女人。在这样的背景下，肃顺的专权能持续多久呢？他和西太后又能和睦相处多久呢？

经过深思熟虑，曾国藩最终决定不写这封信。后来，肃顺果然被西太后抄家问斩。在众多官员讨好肃顺的信件中，唯独没有曾国藩的只言片语。因此，曾国藩赢得了西太后的信任，成功保住了自己的名爵和地位。

曾国藩正是因为控制好了自己的情绪，没有头脑一热便落实内心想法，才躲过了一场灾难。任何时候，我们都要注意掌控自己的情绪，不要盲目冲动做出决定，有时太过激动会给自己带来无妄之灾，只有情绪上遵循中和的规矩才是中庸之道。

情绪过盛往往会给自己带来祸端，正因如此，致中和的规矩才显得极为重要。在日常生活中，致中和要求人们做到善于隐忍，不仅要隐忍现下的情绪，也要隐忍长期未爆发的情绪。生活中，虽然不用过于内敛沉着，但也要注意自己的言行举止是否张扬，如果与人相处总是按照自己的想法，完全不考虑自己的情绪发泄会不会给对方造成困扰，就容易引起不必要的争执和祸端，所以，今天的我们要时刻注意平复自己的情绪，守住内心。

"致中和，天地位焉，万物育焉。"我们与天地万物本就是一体的，我们的性情会对世界万物有一定的影响。"致"有达到、极致之意，遵循致中和的规矩，就是要求情绪达到极致的中和，要求不偏不倚，做到中和，性情上做到随心所欲，不逾矩，情绪上做到怒不过夺，喜不过予，才是遵循了中和之规矩，践行了中庸之道。

三、良知规矩：诚信为本，仁者不欺

1. 谨言慎行，修身致远

《大学》中云："知止而后有定，定而后能静，静而后能安，安而后能虑，虑而后能得。"这句话指出了修身养性的基本规矩，即要知道适可而止，才能有定力；有了定力，才能保持内心的宁静；内心宁静后，才能安定身心；身心安定之后，才能审慎思考，最终才能取得成就。

修身养性是中华文化中极为重要的一环，其基本规矩不仅关乎个人道德修养，也是社会和谐与秩序的基石。

修身养性的过程是一个自我反省和自我提升的过程，它要求个人不断地审视自己的行为和思想，努力克服私欲，追求更高的道德标准。通过修身，个人可以培养出更加高尚的品格，同时也能够为社会的和谐与进步做出贡献。《论语》中云："吾日三省吾身：为人谋而不忠乎？与朋友交而不信乎？传不习乎？"

孔子去东周游历，特意去参观了后稷的祠堂。在祠堂右边的台阶前，他看到了一尊铜制的人像。这个人像的嘴上被封了三重，背上刻有一段铭文，内容是：

"这是古代的一位极其谨慎的智者。大家要以此为鉴啊！别多说话，因为多说话容易出错；别多管闲事，因为多管闲事容易惹麻烦。就算生活在安逸的环境中，也要时刻保持警惕。这样，我们才能避免因为言行不慎而后悔。别以为小错无伤大雅，它可能会引发深远的祸患；别以为小问题无关紧要，它可能会演变成大麻烦。别以为上天听不到你的言语，其实神明一直在注视着你。小火苗如果不及时扑灭，终将酿成大火；小水流如果不及时堵塞，终将汇成江河；细线如果不及时剪断，可能织成罗网；幼苗如果不及时拔除，将来可能需用斧头砍伐。

"真正的谨慎，是幸福的基石；而多言多语，往往是灾祸的源头。强势的人往往不得善终，好斗的人总会遇到更强的对手。盗贼恨主人，百姓怨上级，这些都是自然的道理。君子深知不可自高自大，所以应保持谦逊；深知不可总是争强好胜，所以应懂得退让。

"温和、恭敬、谨慎、仁德，这样的品质让人敬仰；坚守柔道，保持谦逊，这样的态度让人难以超越。当大家都争相追逐名利时，我愿坚守自己的道路；当大家都纷纷离去时，我愿坚守原地。我会深藏自己的智慧，不轻易显露才华。这样，即使我身处高位，也不会遭到他人的伤害。江海之所以能成为百川之首，正是因为它始终保持低姿态。
上天并不偏袒任何人，但它总会眷顾那些懂得谦卑的人。
大家都要以此为戒啊！"

故事中铜像身上所刻的铭文，便传达了"谨言慎行，修身致
远"的理念。而孔子作为修身律己方面的至圣先师，也同样多
次提出伦理道德的基本原则，强调个人修养对社会和家庭的重要
性。在他的思想中，修身是通过谨言慎行来实现的。

谨言慎行，才能修身致远。修身不只是一种外在的仪表规
范，更是一种内在的修养和品德提升。只有注重言行举止，谨
慎思考，才能慢慢走向成功。谨言慎行是修身致远的关键。谨
言慎行不仅仅是为了避免不必要的麻烦和损失，更是为了培养自
己的品德和修养。通过控制自己的言行举止，人们可以更好地
展现自己的修养，从而赢得他人的尊重和信任。

谨言慎行也是一种智慧的表现，它可以帮人们形成更融洽的
人际关系，助力人们修身致远，所以恪守这条规矩，是获得幸福
人生的利器。

战国时期，楚国有一位年轻的官员，名叫柳下惠。他
聪明伶俐，博学多才，深受楚王的信赖，因此担任了重要的
官职。柳下惠一直秉持着谨言慎行的原则，这一品质让他
不仅在政坛上有所建树，更在民众心中赢得了良好的口碑。

某次，楚国内部掀起了一场政治风波，众说纷纭。柳

下惠虽身处其中，却保持沉默，不轻易发声。虽然他对某些事情有着自己的看法，但他深知言多必失的道理，因此选择谨慎地保持沉默，既不随波逐流，也不轻易表露立场。

柳下惠的沉默引起了一些人的猜忌和不满，他们认为柳下惠应该站出来明确表达自己的立场。然而，柳下惠深知，过于激进的表态可能会加剧矛盾，引发更大的社会动荡。因此，他选择以平和的心态面对一切，不被情绪左右。

随着时间的推移，政治风波渐渐平息。而柳下惠因其谨言慎行的态度，赢得了楚王的进一步赏识和信任。楚王认为，柳下惠在关键时刻能够保持冷静，不轻易发表言论，展现出了卓越的政治智慧和谨慎的个人品质。因此，柳下惠继续担任重要官职，成为楚国政治舞台上不可或缺的重要人物。

柳下惠通过谨慎的言行，避免了冲动和莽撞带来的不良后果，保持了自己的政治立场和原则，赢得了楚王的信任和尊重。同时，他也为后人树立了一个良好的榜样，告诫人们面对任何情况都不要轻易表态，守住这条规矩，能避免很多不必要的麻烦。今天的我们，也应该把谨言慎行作为行为准则的一部分，恪守始终。

2. 恭敬尊长，明礼待人

恭敬尊长、明礼待人，是古往今来备受人们推崇的一种传统美德，其背后蕴含着丰富的人文情怀和道德观念。在古代社会，恭敬尊长、明礼待人是道德和礼仪的重要组成部分，代表了家族和社会的美德。恭敬尊长、明礼待人，有助于培养良好的人格品质和社会责任感。守住这条规矩，可以让人们学会谦虚谨慎、宽容待人，使个人具备成熟稳重的性格；而对他人的礼貌和尊重也会培养自身的人文情怀和同理心，让人们懂得关心他人、理解他人，从而建立起和谐的人际关系。

《论语·为政》中云："君子之于天下也，无适也，无莫也，义之与比。"强调了恭敬尊长在修身养性中的重要性，指导人们应当尊重长辈、明礼待人，以培养良好的品德和道德观念。恭敬尊长、明礼待人是一种传统美德，具有深厚的文化底蕴和现实意义。它不仅是一种道德规范和社会习俗，更是一种人文情怀和生活态度。在当今社会，我们应该继承和发扬这种传统美德，将其融入日常生活和社会交往中，以促进社会的和谐稳定和个人的全面发展。

程门立雪的故事，流传至今，成为尊师重道、恭敬尊长的传统美德的生动诠释。

北宋时期，有一位名叫杨时的学者，他学识渊博，但始终保持着对知识的渴求和虚心向学的态度。当时，著名的理学家程颢在洛阳讲学，杨时为了求得真知，不远万里前来拜访，希望能拜他为师，深入学习。

某个冬日，杨时与好友游酢一同来到程府，打算向程颢请教问题。然而，他们到达时，程颢正在闭目养神，两人不忍打扰，于是决定在门外静静等待老师醒来。

雪花飘落，寒风凛冽，但杨时和游酢却毫无怨言，始终保持着恭敬的态度，坚定地站在门外，期待着与老师的交流。他们的身影在雪地中显得如此坚定和执着。

过了许久，程颢终于醒来，得知杨时和游酢已在门外等候多时，十分感动。他急忙出门迎接，看到两人身上已积满了雪花，更是心生敬佩。从此，程颢对杨时更加器重，悉心教导，而杨时也终于领悟大道，成为杰出的学者。

程门立雪的故事传为佳话，成为尊师重道、恭敬尊长的典范。它告诉我们，尊师重道、恭敬尊长不仅仅是一种礼仪，一种规矩，更是一种对优良品德的追求。

在现代社会，尊师重道、恭敬尊长的规矩依然具有重要意义。我们应该继承和发扬这一传统美德，让它在新的时代里焕发出更加璀璨的光芒。

而明礼待人，既是中华民族千百年来的优良传统，也是现代社会人际交往中不可或缺的重要规矩。它要求我们在与人相处时，始终保持谦逊有礼、尊重他人的态度。

首先，明礼待人要求我们注重言谈举止的得体。在与他人交流时，应使用礼貌用语，避免粗俗不雅的言辞，保持平和的语气和适当的语速。同时，举止要得体，避免过于随意或过于拘谨，展现出自信而不张扬的风采。

其次，明礼待人要求我们尊重他人的权利和隐私。每个人都有自己的生活方式和选择，我们应尊重他人的不同，不随意干涉或评判。在公共场合，要遵守公共秩序，尊重他人的空间和权益。

总之，明礼待人是构建和谐人际关系的基础，也是我们每个人应该遵守的基本规矩。只有我们共同遵守这一规矩，才能营造一个文明、友善、和谐的社会环境。

恭敬尊长、明礼待人也是一种社会道德的表现，对维护社会秩序和道德规范具有重要意义。在尊重长辈、尊重师长的基础上，人们能够树立正确的权威观念和道德观念，追求高尚的人生价值和行为准则；而对他人的礼貌和尊重也能够减少冲突和矛盾，让自己收获和谐的人际关系。

3. 恭谨有礼，尊重关爱

《礼记·礼运》中云："故君子不废小人，不厌众庶，丧者如之何也，亲戚之为臣也，友之事也。"可见，恭谨礼仪是我们与他人相处的基本准则。

在人与人之间的交往中，恭敬有礼是促进友好关系的关键。无论是长辈还是晚辈，无论是上司还是下属，无论是朋友还是同事，都应该表现出应有的尊重和礼貌。因此，我们要恪守这一规矩，通过恭谨的言谈举止，彰显对他人的尊重和关爱，建立起和谐融洽的人际关系。

尊重他人、尊敬长者是一种美德，是一种文明进步的象征。通过尊重他人、尊敬长者，我们能够建立起和谐的人际关系，也能够使自己的心境更加宁静，生活更加顺意。

遵守礼节是社会秩序和文明风尚的重要保障。在社会生活中，各种规矩和礼节都是为了维护社会的正常运转和人们的共同利益而设立的。遵守礼节，就是遵循社会规范，尊重社会公共秩序，不仅可以保持社会的稳定、和谐，也能够提升整个社会的文明程度。

刘阳家境贫寒，但心怀大志，立志成为一名学有所成的士子。然而，刘阳性格中略带鲁莽，缺乏对恭谨礼节的认识和重视。他在与人交往时言辞激烈，举止粗鲁，不够谦逊有礼。

有一天，刘阳的父亲告诉他，他的远房亲戚老刘家的长辈要来村里住上一段时间，希望他去拜访并照顾好他们。刘阳虽然心中不太愿意，但还是答应下来。

刘阳来到老刘家，见到了远房亲戚的长辈。老人们虽然年事已高，但仍然身体硬朗，精神矍铄。刘阳刚开始并没有在意他们，依旧保持着自己的态度，言语间显得有些不耐烦。然而，与老刘家的长辈相处的日子里，刘阳逐渐发现了他们身上的一些优秀品质。他们待人接物总是恭谦有礼，言谈举止间流露出一种深厚的文化底蕴和生活智慧。虽然生活朴素，但他们内心的满足和幸福却让刘阳感受到了一种深刻的震撼。

渐渐地，刘阳开始主动与老刘家的长辈交流，虚心向他们请教一些问题，也学会了倾听他们的建议和教诲。他发现，尊敬长者、谦逊有礼并不仅仅是一种形式，更有助于内心修养和人格塑造。

在老刘家长辈的熏陶下，刘阳逐渐明白了恭谨礼节的重要性。他学会了尊重他人，尊敬长辈，谦逊待人，这些品质使他的人格得到了进一步的提升，也使他的人生更加光明。

不久之后，老刘家的长辈离开了村庄。刘阳心怀感激之情，他感谢老人们的教诲和关怀，也明白了恭谨礼节的重

三、良知规矩：诚信为本，仁者不欺

要性。后来，刘阳成为一名学有所成的士子，他将老刘家长辈的教诲牢牢地记在心中，并将这种恭谨礼节传递给了更多的人。他成为村里的楷模，也成为年轻一代学习的榜样。

在社会中，恭谨礼仪和遵守礼节是我们应当时刻牢记的重要规矩。恭谨礼仪代表着对他人的尊重和敬意，遵守礼节则是维护社会秩序和人际关系和谐的基础。

在日常生活中，我们不仅要明白这些规矩的重要性，更应该以身作则，践行这些价值观。而对于个人来说，恭谨礼仪和遵守礼节也是一种修养和提升。

通过遵守规矩，我们可以培养出良好的品格和行为习惯，塑造出令人敬重的个人形象。恭谨礼仪、遵守礼节不仅能够让我们获得他人的认可和尊重，更能够让我们的内心变得更有力量，我们每个人都应时刻牢记这种品质。

韩愈，作为"唐宋八大家"之首，不仅在文学上造诣深厚，其人格魅力也为人所称道。他一生秉持恭谨有礼的为人处世之道，赢得了广泛的尊重和赞誉。

在求学时期，韩愈便展现出了恭谨有礼的品格。他曾在一位德高望重的老者门下求学，深知自己学问尚浅，因此对待老师总是恭敬有加。每次与老师交谈，他都会提前整理好自己的思绪，确保在交流过程中能够专心倾听，不打断老师的讲话。当老师提出问题时，他更是认真思考，谨慎回答，以体现对老师的尊重。

在官场中，韩愈同样保持着恭谨有礼的态度。他深知官场复杂，人际关系微妙，因此始终保持着谦逊和低调。在与同僚相处时，他从不摆架子，而是以平等和尊重的态度对待每一个人。即使面对比自己地位低的人，他也从不轻视或傲慢，而是以礼相待，展现出了自己的人格魅力。

在日常生活中，韩愈的恭谨有礼也体现得淋漓尽致。他与人交往时，总是面带微笑，言辞温和，从不轻易发脾气或与人争执。即使遇到与自己意见不合的人，他也会耐心倾听对方的观点，并试图以理服人，而不是用强硬的言辞去压制对方。

最为人称道的是，韩愈在受到皇帝召见时，依然保持着恭谨有礼的态度。他深知皇帝威严不可侵犯，因此在面见皇帝时总是毕恭毕敬，不敢有丝毫懈怠。他的这种态度不仅赢得了皇帝的尊重和信任，也为他赢得了更多的政治资本和声誉。

韩愈的恭谨有礼不仅体现在他的言行举止上，更体现在他的内心修养上。他始终保持谦逊和敬畏之心，对待他人总是充满尊重和善意。这种品格不仅为他赢得了广泛的赞誉和尊重，也为后人树立了良好的榜样。

在中华文化中，恭谨有礼的规矩如同一条流淌不息的河流，历经千年，依旧清澈而深沉。这些规矩不是冰冷的教条，它们蕴含着古人的智慧，闪耀着人性的光辉，更成为我们现代人行为的灯塔，道德的标杆。

在古代，恭谨有礼不仅是个人修养的体现，更是社会和谐稳定的基石。古人深知，无论是与长辈、师长交流，还是与平辈、下属相处，都应秉持一颗恭敬之心，以礼相待。在与长辈或师长交谈时，他们往往会屏息凝神，生怕错过每一个字，每一个教诲。而面对平辈或下属，他们同样不会傲慢自大，而是用平和的语气，谦逊的态度，展现出自己的涵养与风度。

这些规矩并非一成不变，它们会随着场合的变化而灵活调整。在庄严肃穆的宫廷中，官员们身着朝服，行着烦琐的礼仪，以表达对皇帝的绝对忠诚与尊敬。而在温馨和睦的家庭中，子女们则通过日常起居的点滴细节，体现出对长辈的深深敬爱。在热闹非凡的社交场合中，人们则通过得体的服饰、优雅的举止和恰当的言谈，展现出自己的品位与教养。

这些恭谨有礼的规矩，不仅对个人的修身养性提出了要求，更对整个社会的文明进步起到了推动作用。它们如同一道道无形的纽带，将人与人之间的心灵紧紧相连，营造出一种和谐融洽的社会氛围。同时，这些规矩也体现了古人对道德和伦理的深刻洞察与高度重视，为我们现代人树立了道德典范。

在现代社会，虽然礼仪和规矩的形式发生了许多变化，但恭谨有礼的精神内核依然熠熠生辉。我们应该深入挖掘这些传统规矩的内涵，将其与现代社会的实际需求相结合，使其焕发出新的生机与活力。我们每一个人都应该以先贤为榜样，注重自己的言行举止，遵守社会公德和职业道德，尊重他人、理解他人、包容他人。

在日常生活中，无论我们身处何地，都应以一颗恭敬之心对待他人，以礼相待，以诚相见。我们应该用自己的实际行动去践行这些价值观，让恭谨有礼的精神成为我们生活的一部分。只有这样，我们才能真正展现出中华文化的魅力与精髓，也才能为社会的和谐与进步贡献自己的力量。

三、良知规矩：诚信为本，仁者不欺

4. 怀德感恩，善良坚韧

"怀德感恩"是中国传统文化中的重要价值观之一，它强调对他人的感恩和对生活的怀德。《大学》中有"格物致知，诚意正心，修身齐家，治国平天下"的千古名句，这句话强调了修身齐家的重要性，而修身之道，也在于怀德感恩，即要怀有感激他人之心，感激他人的恩德，有了这种心态，也就有了善良之根。

一个人如果能够怀着感恩的心去对待自己的生活、家人以及他人，就更容易做到修身齐家。庄子说："鸟兽散，或从容，百兽率舞，是谓至德。"这里所说的"至德"即是一种对生命和自然的感恩之心。只有怀着感恩之心去对待自然界和万物，才能够达到至德至善的境界。

怀德感恩，不仅是中国传统文化中的重要规矩，更是我们当代人应该继承和发扬的美德。只有怀着感恩之心，我们才有机会遇到生命中的贵人，毕竟越善良，越幸运，也就越坚韧。

在古代，怀德感恩的美德被无数仁人志士所传颂，其中不乏感人至深的案例。

春秋时期的名将伍子胥，便是典型的怀德感恩之人。他在楚国遭受陷害，逃亡至吴国。后来，他凭借卓越的军事才能，助吴王阖闾登上王位。他在功成名就之际，没有忘记曾经的恩人。当年，他在逃亡途中曾受到一个渔夫的救助，为了保全伍子胥的性命，渔夫甚至牺牲了自己的生命。伍子胥始终铭记这份恩情，他找到渔夫的后人，将他们接至吴国，予以厚待，确保他们过上安稳的生活。

又如汉代的名将韩信，他早年家境贫寒，常常食不果腹。一日，他在河边垂钓时，一位老妇人见他饥饿难耐，便将自己带来的饭食分给他吃。韩信感激涕零，他向老妇人许诺，将来一定要重重报答她。后来，韩信辅佐刘邦建立汉朝，功成名就，他找到当年的老妇人，赠予她千金，以报当年的一饭之恩。

这些古代的怀德感恩案例，让我们看到了人性中美好的一面。这些人用自己的行动诠释了感恩的真谛，让我们明白，感恩不仅是一种内心的情感流露，更是一种对他人善意的回应和回报。这些故事也激励着我们，在生活中要时刻保持一颗感恩的心，珍惜他人的付出和关怀，用我们的行动去传递爱和温暖。

三国时期，襄阳城里有一位翩翩公子，名叫李信纯。他最亲密的伙伴是一只名叫"黑龙"的雄壮黑犬，两者间的情谊深厚得如同亲人一般。无论是游山玩水还是日常生活，他们总是如影随形，成为襄阳城里一道独特的风景。

某日，李公子带着"黑龙"进城参加一场宴会。宴会上，他尽情畅饮，享受着欢乐时光。酒过三巡，李公子带着几分醉意踏上了归途。

夜幕降临，朦胧的月光洒在静谧的大地上。李公子在城外一片草地上不知不觉地睡着了。而此时，襄阳太守郑瑕正在附近打猎，为了追捕猎物，他下令手下放火烧荒。火势迅速蔓延，危险正悄然向李公子逼近。

在这危急关头，"黑龙"展现出了惊人的勇气和智慧。它先是尝试唤醒沉睡的主人，但李公子醉得太深，无法被唤醒。情急之下，"黑龙"迅速奔向附近的小溪，全身浸湿后飞奔回李公子身边，用皮毛上的水湿润周围的草地和李公子的衣物。它往返多次，尽管疲惫不堪，却从未放弃。最终，"黑龙"因过度劳累倒在了李公子的身旁，用它的生命守护了主人的安全。

当李公子从醉梦中醒来，看到身旁的"黑龙"已经冰冷无生命，以及四周被烧焦的草地，他瞬间明白了发生的一切。悲痛欲绝的他扑在"黑龙"身上，泪水汹涌而出。襄阳太守郑瑕得知此事后，也深受触动，感慨道："狗尚知报恩，人若不知恩图报，岂不连狗都不如？"

为了缅怀这只忠诚勇敢的义犬，人们选了一个吉日，为"黑龙"举行了庄重的葬礼，并在其坟上立了一块"义犬冢"的石碑，以纪念它的英勇事迹，让它的精神永载史册。

这个故事在襄阳城乃至整个三国时期广为流传，成为佳话。

它不仅仅是对"黑龙"忠诚与牺牲精神的颂扬，更是对人们进行道德教育的生动教材。它告诉我们，忠诚与感恩是世间宝贵的品质，人为万物之灵长，更应当珍视并传承这些美德。

在《孝经》中，就有着"养怀敬亲，养心敬神"的教导。这句话告诉我们，要怀着感恩的心去孝敬父母，敬畏神明。孝顺父母是中国传统美德，而怀着感恩之心，更能够体现出孝道的真谛。

从古至今，不难发现，有道德修养的人必然会有感恩之心，有感恩之心的人必然会怀着感激之情。这种怀德感恩的情怀是一种高尚的品质，体现了一个人的道德修养和情操。

怀德感恩，不仅是一种内心的情感流露，更是一种生活中的规矩。它代表着我们对他人善意与恩情的珍视，是我们为人处世的重要准则。

在日常生活中，怀德感恩的规矩体现在方方面面。无论是在家庭、学校还是社会，我们都应该时刻保持一颗感恩的心，对他人的付出和关怀给予应有的回应。

在家庭中，我们要感恩父母的养育。他们为我们提供了成长的摇篮，用无私的爱和辛勤的汗水为我们铺就了前行的道路。我们要时刻铭记这份恩情，用实际行动去回报他们，如关心他们的身体，陪伴他们度过每一个重要的时刻。

在社会中，我们要感恩他人的帮助与支持。朋友、同事或是陌生人，都曾在我们需要帮助时伸出了援手。我们要珍视这份情谊，用真诚和善良去回报他们，同时也要尽量帮助他人，让感恩的规矩在社会中传递。

怀德感恩的规矩，不仅让我们更加珍视身边的每一份恩情，更让我们学会去关爱他人、回报社会。这种规矩让我们变得更加成熟、更加有担当。

四、自省规矩：自律自控，谨言慎行

1. 向内省己，不苛外物

《荀子·劝学》中云："木受绳则直，金就砺则利。君子博学而日参省乎己，则知明而行无过矣。"其中的"砺"是磨刀石的意思，也可称作磨刀；"参"是检查之意；"省"有反省的意思；"知"同"智"。原文大意是：木材用墨绳量取过就能够取直，刀剑等金属制品放在磨刀石上，进行打磨就会变得锋利。君子应该广博地学习，每天检查并且反省自己，心智才能明慧通达，行为才能没有过失之处。

随着时代的发展，我们虽然在物质和科学技术上有着古人无法比拟的体验，但是在自我提升和精神层面却需要不断地向古人学习。我们要用心地思考"自我"这个个体，而"反省""反思"便是真正认清自我的重要渠道。自省规矩，首先要求我们深入自己真正的内心世界，不因周遭外物的干扰而分心扰神。

在中国古代的文化长河中，先贤对于"修身"之道极为看重。他们所奉行的修身之要旨，诸如"正心诚意、勤于思考、谦卑自守"等，至今依然闪烁着智慧的光芒，为世人所传颂。清代教育家申居郧曾言："只一自反，天下没有不可了之事。"其中的"自省"，便是一种深入骨髓的自我反思，是提升个人道德修养的重要途径。

孔子曾教导我们："见贤思齐焉，见不贤而内自省也。"自省，便是通过内心的审视来检查自己的言行举止，从而不断完善自我。朱熹曾指出："日省其身，有则改之，无则加勉。"这正是自省的精髓所在，时刻关注自身的言行，有错即改，无错则勉。

常言道："人非圣贤，孰能无过？"每个人都有犯错的时候，关键在于我们如何面对和处理这些过失。相较于担心犯错本身，我们更应该关注的是以什么样的态度去对待和处理这些过失。是否能像古人那样，在夜深人静之际，静心反思自己的所作所为，认真审视自己的言行举止，然后以更高的标准来要求自己？

在古代，人们视"吾日三省吾身"为日常必修之课，然而时至今日，能做到及时反省自我的人已寥寥无几，更不用说"每日三省"了。即便如此，我们仍应铭记古人的智慧，时常反省自己，不断完善自身，以期成为更好的自己。

司马光年幼时，是一个喜爱玩耍和嗜睡的孩子，因此时常受到教书先生的责备和同龄人的嘲笑与讥讽。然而，在教书先生的耐心教导下，他下定决心要改正这些不良习惯。

为了早起，他尝试在睡前饮用大量水，希望凌晨时被尿意唤醒。然而，次日清晨，他依旧沉睡未醒，床铺上已留下了一片湿润的痕迹。

司马光并未因此气馁，他巧妙地利用圆木制作了一个"警枕"。每当早晨翻身时，头部会不小心滑落到床板上，从而自然地被惊醒。自此，他养成了天未亮便起床读书的习惯，并始终坚持不懈。每当遇到想要放弃的时刻，他都会强迫自己进行深刻的反思与自我检讨，这一习惯成了他一生的伴随。

最终，司马光凭借着自己的努力和毅力，成了一位学识渊博的文学家和历史学家，并撰写了《资治通鉴》这部具有深远影响的历史巨著。

在现实生活中，国家的法律规范，社会的道德准则，以及我们内心所认可的价值体系，乃至于我们所选择学习的榜样，凡此种种构成了我们日常的行为规范和自我反省的重要依据。"长于责人，拙于责己"，确实是通病，为此我们必须知晓和理解反省的意义，更要知晓反省的过程本质上就是一个人心智不断提高，心灵不断升华的过程。同时，深刻反省也是我们对所遵循的标准、规则不断反思，不断改进优化的过程。

自省不仅能够在时间和空间上帮助我们更快地达到内省的目的，还能在很大程度上避免我们因率性而为所导致不必要的问题。日常生活中，我们会因为思维惯性理所当然地按照自己的理解去发现、解决各种烦恼和问题；在不断失败和受挫的过程中，我们开始慢慢醒悟自己哪些地方做得不合规矩，哪些地方还需要进一步提升。因此，一个具备反省能力的人，不仅具备自我反省的能力，也具备勇于承担自己因犯错而导致的后果的能力。

"忠言逆耳利于行，良药苦口利于病"，人们能听、会听，但是在开始做的那一刻起便可能心生胆怯，止步不前。当然，自以为是、骄傲自满的人绝无反省能力。他们狂妄自大、固执己见、心胸狭窄，一旦有过错会立即将责任推到他人身上，这仅仅是为了维护自己虚幻的尊严，他们会不惜一切代价地维护自己，不管是否会对他人造成伤害。在他们自私的内心世界里，除了自己，一切事物都无关紧要，直至开始意识到自我反省的益处，才会开始自我反省。

《法句经》中云："不好责彼，务自省身；如有知此，永灭无患。"当我们遇到失败或挫折时，不要责备别人，而要虚心地检讨自己，勇敢改正自己的缺点，未来才会一片光明。

一个具备反省能力的人，不仅对内省的规矩了然于心，更能在此基础上驾驭它，达到得心应手的地步。他们会对自己提出严格要求，时刻寻找自己的不足，在自己的能力范围内处处力求改变。他们总能虚心听取他人的意见和看法，善于接纳他人的批评，并从中汲取对自己成长有利的养分，使自己变得更加完善。他们不怕自我批判，因为他们知道其根本目的是让自己提升到更高的层次。

自省有万般规矩，但万变不离其宗。我们要做的是不断学习，发现自我，深度思考，反思自我，努力寻求突破自我的方法和道理，从失败和过错中悟出新的人生体会和感悟，并尽力做出改变，如此才能认清自己，在自省中明辨是非，更加睿智。

四、自省规矩：自律自控，谨言慎行

2.广听众言，择善而从

《论语》有言："已矣乎！吾未见能见其过而内自讼者也。""已矣乎"的意思是已经没有希望了；"自讼"的大意是自责；"能见其过"，则要求人们能够看到自己的过错。我们在生活中与他人发生矛盾或者纠纷后，往往会不假思索地责怪和埋怨他人，更有甚者会做出一些极端的行为。究其根本，在于我们主观上不肯责备自己，总是向外寻求一种将自己的错误行为合理化的理由。

古人接受他人批评时，会特别看重其中的方法和要求，他们会遵守"躬自厚而薄责于人"的规矩，有了过失不是盲目责备他人，而是认真地检查自己的行为有何不合理之处。有道是"知耻近乎勇"，我们应该心怀坦荡，勇敢地面对自己的错误和不足，敢于接受他人的批评和意见，只有虚心接受建议，才能真正地了解自我，使自己的德行更加完善，从而不断进步，超越自我。

"当局者迷，旁观者清"，我们身处局中，难以客观地看待所面临的问题，此时就需要他人的反馈和批评，来帮助我们看清既有现实，并认清自己的不足之处。发现自己的错误不难，但要坦诚面对和改正，却不是每个人都能做到的。

《论语·子张》中云："小人之过也必文。"小人在面对自己的过错时会进行掩饰。而《论语·子张》中的"君子之过也，如日月之食焉：过也，人皆见之"，即教导我们不能掩耳盗铃，在面对错误时自以为是，其实他人看得一清二楚。因此，我们要敢于认错，并及时改正，此便是"更也，人皆仰之"。

寇准初登相位，自消息传出之际，张咏便对身边的僚属慨叹道："寇公真乃奇才，唯憾其学术尚显不足。"言下之意，寇准天赋异禀，然学识与智谋尚待充实。后来，寇准赴陕地（今陕西一带）履职，恰逢张咏自成都罢官归乡，寇准特设宴以表敬意。席间，寇准诚恳请教："张公此行，可有金玉良言相赠？"张咏沉吟片刻，答曰："不可不读《霍光传》。"寇准当下未解其意，返归相府后，急取《汉书·霍光传》研读。当他读到"然光不学无术，暗于大理"之句时，恍然大悟，自言自语道："此必张公所喻我也！"

霍光曾身居大司马、大将军之高位，其权重如宋朝之宰相。其虽辅佐汉朝功绩卓著，然亦易于自满，于某些事务上未能明理，此与寇准颇有相似之处。自此以后，寇准深自省察，一改往日之弊，变得愈加谦逊谨慎。

张咏与寇准虽是至交，但寇准位居宰相之位，不能够直言批评，所以他才巧妙地做了提示，让寇准意识到自己的错误，同时也能够理解他的善意，使寇准心存感激。

犯错误不可怕，可怕的是犯错后只会在外部压力之下被动地、勉强地、轻描淡写地进行自我检讨。我们真正要做的，是按照自己内心良知的真正需求，以严厉的态度深刻反省自己。

没有人能悠然自得地度过一生，每个人都会受到责备批评，但他人的批评能为我们提供更广阔的视野和深刻的见解，成为帮助我们成长的资源和动力。

反之，我们在批评他人时，应该心怀善念，学会站在他人角度思考问题，为他人着想，以便获得他人的信任，如此对方更容易接受我们提出的意见。

向位居高位的人提意见，更要讲究方式、遵从规矩。古人心中的意见应该是"信而后谏，未信则以为谤己也"，必须得到信任以后才去提意见，否则他人会认为你有意诋毁。这条规矩也适用于兄长父母或朋友等。当然，作为被批评者，更应当从善如流。

魏征出身平凡，却怀揣对知识的渴望，日夜研读古籍经典，终至学识渊博。唐高祖的二子李世民发动玄武门之变，杀死了兄长李建成。年轻而锐利的李世民深知魏征的非凡才能，故亲自召见。面对李世民责问："汝何故离间吾兄弟之情？"满朝大臣皆感紧张，恐魏征遭不测。

然而，魏征神态自若，自信回应："若皇太子早纳吾言，必不至今日之祸。"李世民闻之，为魏征之无畏所动，愈发敬佩其品格。非但未加惩处，反委以重任。

其后，李世民拜魏征为谏议大夫，后更擢升为宰相。

唐太宗勤政爱民，常与魏征共议国是，探讨治国得失。魏征胸怀壮志，胆识过人，进谏皆以事实为依据。在任数十年间，为保大唐国泰民安，累计向唐太宗进谏二百余次，唐太宗每每深思熟虑后方才采纳。

魏征逝世后，唐太宗痛惜不已，慨叹道："以铜为镜，可以正衣冠；以史为镜，可以知兴替；以人为镜，可以明得失。朕尝宝此三镜，用防己过。今魏征殂逝，遂亡一镜矣。"

敢于直言向帝王劝谏的魏征不仅为国家立下了不朽功绩，也成了历朝历代官员的楷模和榜样。《论语·宪问》中记载，子路问孔子应该如何对待帝王，孔子说，"勿欺也，而犯之"，意思是不应该阳奉阴违地去欺瞒他，但要当面去与他谏诤。《孝经》上亦言，"臣不可以不争于君"，意思是看到别人一步一步陷于泥沼之中，自己反而隔岸观火一般，这是不仁不义之举。

君子不仅应该勇于改正自己的错误，还要在朋友犯错时，"忠告而善道之"。做诤友也要讲方法、遵规矩，"不可则止，毋自辱焉"，如果朋友不愿听，我们应该暂时不言，不要为此自寻烦恼，等以后时机合适时再次相劝。因此，提意见也要始终心有所畏、言有所戒、行有所止。发现他人的错误，不能文过饰非，更不能助纣为虐，而应晓以大义、直言相劝，这才是遵规之道。

3. 不易许诺，切忌多言

《荀子》中云："居知所为，行知所之，事知所乘，动知所止，谓之道。"我们与人交谈聊天时，需要格外注意交谈对象和场合。"中人以上，可以语上也；中人以下，不可以语上也"，说的是当我们要讲授高深学问的时候，需要观察对方的聪明才智，否则就是对牛弹琴。孔子也曾说："可与言而不与之言，失人；不可与言而与之言，失言。知者不失人，亦不失言。"有智慧的人讲话，会根据对象及时做出调整，既不会因此错过交谈的对象，也不会浪费丝毫的言语。

古人说话都需要遵守一定的规矩。"君子耻其言而过其行"，他们以不能身体力行为耻，一个人言语过多，可能有不能兑现诺言的地方，反而会丧失信用，这是"巧言乱德"，亦是"自取耻辱"；如果我们想要拥有做人的诚信和信用，还是不轻易许诺为妙。"轻诺必寡信"，这句古语也告诫我们，不论我们当下正在做什么事情，都切忌轻易许下诺言，不能失信于人。

如果一个人总是轻易承诺，这种承诺从一开始便会缺少诚心，其本身也会降低信用；太容易许下诺言，也会轻易毁掉诺言，导致失去人们的信任。

《菜根谭》中写道："十语九中未必称奇，一语不中，则愆尤骈集；十谋九成未必归功，一谋不成，则訾议丛兴。"意思是，十句话里说对九句，不一定会有人因此而表扬你，但如果讲错一句话，就会受到别人的批评指责。十次谋划中有九次成功，不一定能够得到奖励，但如果有一次过错，周围的埋怨责备就会蜂拥而至。

这些古语都向我们传递出不要过于听信他人的花言巧语，并且自己要恪守信用，重视诺言，不要做言而无信之人的道理。

春秋时期，周庄王九年（前 688），齐国联合了宋、鲁、陈、蔡四个诸侯国一同攻打卫国。卫国沦陷后，齐国的齐襄公担忧周王会派兵来讨伐齐国。因此，他派出了大夫连称担任将军，管至父作为副将，带领兵马前往偏远的葵邱驻守一年。

两位将军在出发前向齐襄公请示："虽然守边疆辛苦，但我们作为臣子不敢推辞。只是我们驻守边疆需要有个明确的期限，请问主公觉得多久合适？"当时，齐襄公正在享受吃瓜的乐趣，随口回答道："现在是瓜熟的季节，明年这个时候，我自然会让你们回来。"

于是，两位将军带着军队前往葵邱驻守。一年很快就过去了，齐襄公却把当初的承诺忘得一干二净，这让两位将军非常不满。他们打算献上刚成熟的瓜果给齐襄公，以此提醒他履行承诺。然而，他们发现齐襄公根本没打算让他们回国。后来，这两位将军暗中联合公孙无知，策划了一场造反行动，并选举了新的国君。

从这个故事中我们可以知晓，如果一个人太轻易承诺，也就不会太重视承诺，从而会让对方失去信心。古人云，"君子言简而实，小人言杂而虚"，《道德经》中亦有"信言不美，美言不信"的名句，由此可知，过多的巧辩和饰美确实会伤害言语的真实性。词人陆游曾说"绝知此事要躬行"，有志之人要谨记于心，我们必须谨守说话的种种规矩。

《论语》有云："侍于君子有三愆：言未及之而言谓之躁，言及之而不言谓之隐，未见颜色而言谓之瞽。"君子需"谨言慎行"，务必做到言行一致，否则将会生出事端。说话要谨记"三愆"之道，不能过早，不能过晚，不能多讲，也不能不讲。要说得恰到好处，掌握好分寸、把控好火候。

古今言谈虽然有些许差别，但说错了话就会得罪人，其中道理人人皆知。因此，平日里我们要牢记"三愆"，这不仅有利于我们在交际中避免失言失态，也能学会审时度势，在恰当的时间说话，从小言中获取大成效。

　　　曹操由于担心有人加害于他，便告诫手下的侍卫："我梦中常常杀人，所以当我睡着时，你们千万别靠近我！"

　　　一天夜里，曹操在帐篷中熟睡，被子不慎滑落。一个侍卫见状，急忙捡起被子为他盖上。然而，曹操突然惊醒，二话不说，拔剑将侍卫斩杀，随后若无其事地继续睡去。半夜醒来时，他假装惊讶地问身边的人："是谁杀了我的侍卫？"

众人如实相告。曹操悲痛欲绝，下令厚葬这位侍卫。众人都以为曹操真的是在梦中杀人，唯有杨修洞悉其真实用意。在葬礼上，杨修感叹道："不是丞相在梦中，是你在梦中啊！"曹操听闻后大为愤怒，最终在"鸡肋事件"中以扰乱军心的罪名，除掉了杨修。

曹操除杨修的故事告诫我们，说话时应该注意自己的身份，"不在其位，不谋其政"，"名不正，则言不顺"。孔子曾言，话容易犯三种过错："言未及之而言谓之躁，言及之而不言谓之隐，未见颜色而言谓之瞽。"没轮到他说话却抢着说谓之急躁，该说话的时候不说谓之隐瞒，不看交谈对象的脸色便贸然攀谈，谓之盲目。

现实生活中，我们既会遇到一些人抢占讲话权，令人生厌；也会遇到一些人一言不发，让人费解。所以说话讲求时机，更讲求说话的分量和内容，我们必须精准把握。

《庄子·齐物论》中云："大知闲闲，小知间间。大言炎炎，小言詹詹。"往往最有智慧的人，总会在不经意间表现出豁然大度的神情；有些许才气的人，总喜欢为一些微小的是非而斤斤计较、争论不休。合乎大道的言论，其势如燎原烈火，既美好又盛大，让人听了心悦诚服；那些耍小聪明的言论，琐琐碎碎，废话连篇。

可见，说话要有规矩，要慎重、准确、负责任。"敏于事而慎于言"就是古人说话的真实写照，要求说话谨慎，做事敏捷。"仁者，其言也讱"，有仁德的人，说话同样十分谨慎。说话观点要正确，不能信口开河，所谓"夫人不言，言必有中"，必须一说就说到点子上。

在说话这方面，《庄子·齐物论》中的"大辩不言"，说的是生活中真正有才、有德且善辩论的人，并不会尽量多说话来彰显自己。是非曲直因不辩而解释，尖利刀刃以糜套来藏其锋芒，真正有大智慧的人一定不会让自己被过多的话语所蒙蔽。

4. 律己养性，自强不息

《论语》中云："君子求诸己，小人求诸人。"君子以身作则，严于律己，这是个人修养的基本要求。在现代社会，这种自律精神同样适用，无论是在学习、工作还是日常生活中，我们都需要遵守律己这条规矩，严格自我约束，以达到内心平和，与外界统一的目的。

养性，即培养良好的性情和品德。《易经》中云："天行健，君子以自强不息。"这句话强调了不断提升自我、永不停歇的重要性。在国学中，自强是一种积极向上的人生态度，它鼓励我们在面对困难和挑战时，不断努力，超越自我，永不放弃。

王阳明作为明代著名思想家，以其"知行合一"的理念，展现了卓越的自律精神。他从少年时代起，便对知识与智慧有着强烈的渴望，深信理论与实践相辅相成。然而，他的人生并非一帆风顺，不过面对挫折和困境时，他从未放弃对理想和追求的执着。他将挫折视为人生的一种考验，以自我反省和实践为指引，不断提升自己的道德修养和智慧。在仕途遇到挫折之时，王阳明通过深刻的自我反省和修养，最终重回仕途，成就一代心学宗师的传奇人生。他的实践贯穿于他的理论之中。

他被贬谪至偏远之地，但并未因此放弃对理想和追求的执着。相反，他将这段时间视为人生的一次重要历练，通过深入接触民情，与人深谈，他的自律之路得到了更为丰富的展现。

一次，王阳明在贬谪之地结识了一位老农。这位老农身患重病，生活困顿，却乐观坚强。王阳明在与他交流中，深受启发。他发现，这位老农虽然身处逆境，却从不抱怨命运的不公，反而把有限的生命投入对家人和社会的关怀中。在与老农的交流中，王阳明意识到，真正的自律不仅体现在对自己的要求，更体现在如何应对生活中的困难和挑战。因此，他开始以此为榜样，深入探索自我，反省自身的言行，并意识到自己的责任和使命。而后他不断提高自己的修养，不断探索人生的真谛。

王阳明，他律己甚严，时刻反省自身，以求达到内心的纯净与高尚。他深知律己是修身之本，故在日常生活中，无论言行举止，皆以礼法为约束，不越雷池一步。他倡导知行合一，认为真正的知识在于实践，律己便是将学问内化为行动的过程。通过律己，王阳明不断提升自我修养，实现了个人价值与社会价值的和谐统一。

王弼，作为三国时期著名的哲学家，其自律修身的故事至今仍为后人传颂。他的一生充满了对真理的追求和对自我完善的执着。

王弼自幼聪慧过人，对于经典古籍有着浓厚的兴趣。他并未因此而骄傲自满，反而更加严格要求自己，致力于自律修身。他深知，学问之道，不仅在于积累知识，更在于修炼心性。

王弼在日常生活中，始终保持着谦逊有礼的态度。无论与何人交往，他总是以诚相待，尊重他人。他的言辞谦逊，举止得体，从不因自己的才华而傲慢无礼。同时，他也非常注重自我反省，时常检查自己的言行是否合乎礼仪，是否做到了内心的平和与清净。

除了日常生活中的自律，王弼在学问研究上也同样严格要求自己。他对于经典的解读深入浅出，见解独到。但他从不满足于已有的成就，而是不断追求更高的境界。他时常闭门苦读，深入思考，以求在学问上有所突破。

王弼的自律修身不仅体现在个人的学问和修养上，更体现在他对社会的贡献上。他的哲学思想影响了后世无数人，为中国的哲学发展做出了重要贡献。

王弼的故事告诉我们，自律修身是成就事业、提升自我的重要途径。我们只有严格要求自己，不断追求进步，才能在人生的道路上走得更远、更稳。

王弼曾一度身处贫困和困境之中，但他没有因此放弃对知识的追求，而是通过自我学习和修行，不断提升自己，最终成为一代学者的楷模。

　　自律自学是提升个人修养和智慧的重要途径。在现代社会，虽然我们生活在信息爆炸的时代，但自律自学的精神依然具有重要意义。我们也应当像王弼一样，坚持不懈地追求知识，不断提升自己的修养和能力，以实现自我价值和承担社会责任。通过自律自学，我们能够不断充实自己的内在世界，拓展自己的人生视野。

修身篇

谋事篇

一、谋事规矩：立场坚定，格局远大

1.明确目标，矢志不渝

古人有云："志不立，天下无可成之事。"此言道出了谋事的关键——明确目标。"志"，不仅仅是指个人的理想或目标，更是一种内心深处的信念和追求。一个人若没有坚定的志向，往往会随波逐流，被环境所左右，陷入迷茫和彷徨之中。就如同航船失去了罗盘，无法在茫茫大海中找到前进的方向。而立志之后，更需矢志不渝，方能成就一番事业。

目标明确是谋事的关键，也是谋事之规，这并非简单地设定一个愿望或梦想，而是经过深思熟虑，确定一个具体、可衡量且切实可行的目标。目标应该与我们的价值观、能力和资源相匹配，这样才能确保我们在追求过程中始终保持动力和热情。

目标明确的重要性体现在多个方面。首先，它有助于我们集中精力和资源，避免在无关紧要的事情上浪费时间和精力。当我们有了明确的目标，就能更加专注于与目标相关的工作，从而提高工作效率和成果质量。

其次，目标明确能够激发我们的积极性，为我们提供前进的动力。一个明确的目标可以让我们看到成功的可能性，从而激发斗志和热情。当我们为了实现目标而付出努力时，会感到更加充实和满足。

最后，目标明确还有助于我们制订详细的计划和步骤。有了明确的目标，我们就能根据目标的要求，制订出相应的计划和行动方案，确保每一步都朝着目标迈进。

　　孔子年少时便勤奋好学，之后深感礼崩乐坏的社会现状需要一种强有力的道德力量来引导人们走向正轨。于是，他创立儒家学派，传播儒家思想，以此匡扶世道，教化人心。

　　为了实现这一目标，孔子不辞辛劳地四处游历，讲学传道。他走访各国，与诸侯、卿大夫们交流思想，传播儒家理念。他深知，要让儒家思想深入人心，必须让更多人了解并接受它。然而，传播儒家思想并非易事。在那个动荡不安的时代，孔子的理念常常遭到质疑和反对。但他始终保持着坚定的信念和毅力，不为外物所动，不为困难所屈。他坚信，只要目标明确、信念坚定，就一定能够战胜困难，得偿所愿。

　　在孔子的不懈努力下，儒家思想逐渐得到了广泛的传播和认可。越来越多的人开始接受并实践儒家思想，社会秩序也逐渐得到了恢复和稳定。孔子的学说不仅影响了当时的社会，更对后世产生了深远影响。他的思想成为中国传统文化的重要组成部分，为中华民族精神家园的建设奠定了坚实的基础。

孔子无疑是志向坚定、格局远大的典范，他用自己的行动诠释了什么是对信仰的坚持。正如《论语》中所述："三军可夺帅也，匹夫不可夺志也。"一个人的志向是坚不可摧的。明确目标，便是立下志向，有了志向，人生才会有努力的方向，才会有前进的动力。

然而，明确目标并不意味着一蹴而就，我们需要不断地调整、完善目标。在追求目标的过程中，我们可能会遇到各种困难和挑战，这时我们需要根据实际情况，对目标进行适当的调整，以确保其仍然符合我们的需求和实际情况。

同时，我们也要意识到，目标不是孤立存在的。它与我们的能力、资源、环境等因素密切相关。因此，在明确目标的过程中，我们需要充分考虑这些因素，确保目标既具有挑战性又切实可行。

明确目标之后，便需矢志不渝地追求。古人云："锲而舍之，朽木不折；锲而不舍，金石可镂。"这告诉我们，无论追求目标多么艰难，只要我们持之以恒，终能成功。又如《离骚》中的名句："路漫漫其修远兮，吾将上下而求索。"人生的道路漫长而曲折，但只要我们坚定信念，勇往直前，终会找到属于自己的那片天空。在追求目标的过程中，我们难免会遇到各种困难和挑战，只有那些矢志不渝的人才能坚持到底，战胜一切困难，最终达到目标。

诸葛亮年少时期就立下了辅佐明君、一统天下的大志。他深知天下大乱，百姓涂炭，唯有统一才能带来和平与繁荣。这个目标，成为他此后所有行动和决策的指南。

当刘备三顾茅庐，诚心诚意地请他出山相助时，他看到了实现目标的契机。他毅然决然地放弃了隐居的生活，出山辅佐刘备。从此，他将自己的命运与刘备、与天下苍生紧密相连。

在辅佐刘备的过程中，诸葛亮始终保持着明确的目标和坚定的信念。他运筹帷幄，为刘备出谋划策，帮助他一次次战胜强敌。

然而，实现伟业并非易事。在漫长的征途中，刘备与诸葛亮遭遇了无数的困难与挫折。但无论面对多大的困境，诸葛亮都始终坚信，只要目标明确、信念坚定，就一定能够战胜困难。

后来，虽然诸葛亮"出师未捷身先死"，但他的精神和信念永远铭刻在了历史的长河中。

明确目标并坚持到底才是成就伟大事业的关键。诸葛亮在《诫子书》中云："非淡泊无以明志，非宁静无以致远。"淡泊明志，宁静致远，这既是对个人修养的要求，也是对谋事规矩的最好诠释。

"古之立大事者，不惟有超世之才，亦必有坚忍不拔之志。"明确目标，矢志不渝，这不仅是谋事之规，更是人生之道。在谋事之初，我们应该认真思考并确定自己的目标，确保它既具体可行又能够激发我们的潜能，而后矢志不渝，脚踏实地。

一、谋事规矩：立场坚定，格局远大

2. 深入调研，掌握实情

古人云："凡事预则立，不预则废。"谋事之成败，往往取决于对事情本身是否做到了深入了解和精准判断。深入调研，掌握实情，是谋事的重要规矩，也是我们在纷繁复杂的世界中寻求真理、制定策略、达成目的的必由之路。

深入调研，是谋事之基。孙子曰："知己知彼，百战不殆；不知彼而知己，一胜一负；不知彼，不知己，每战必殆。"这句话深刻揭示了调研的重要性。在谋事之初，我们必须对事情本身进行深入调研，了解事情的来龙去脉、内在规律，以及涉及的各方利益和诉求。只有这样，才能把控全局，为后续的决策和行动提供坚实基础。

调研之深入，非浮光掠影、走马观花所能及。它要求我们用心去观察、去思考、去分析。要求我们深入事情的内部，去探寻其本质和核心；要与涉事人员深入交流，了解他们的真实想法和需求；还要收集各种相关资料，进行比较和分析，以便更全面地了解事情的全貌。只有这样，才能确保调研的深入和全面，为谋事提供有力的支撑。

尧、舜、禹等古代圣贤，都是调研的典范。尧帝曾深入民间，询问百姓的生活状况，了解民情民意，从而制定出符合实际情况的政策。禹治水时，更是亲自走遍天下，勘察地形地貌，了解水势流向，最终成功治理了洪水。可见，唯有弯下腰来，深入调研，继而掌握实情，才能制定正确决策、实现目标。

掌握实情，是谋事之魂。古人云："实事求是，是乃大不谬之道也。"掌握实情，就是要以客观事实为依据，不受主观偏见和虚假信息的干扰。在调研过程中，我们必须保持清醒的头脑，对收集到的信息进行严格的筛选和甄别，确保信息的真实性和可靠性。同时，还要善于运用各种方法和手段去验证和核实信息的准确性，以便更准确地把握实情。

掌握实情的重要性还在于，它能够帮助我们制定出更加符合实际情况的策略和措施。只有了解了事情全貌，才能对症下药。否则，我们的决策和行动就可能偏离实际，继而事倍功半，甚至失败。

战国时期，魏国出兵攻打赵国，赵国形势危急，于是向齐国求援。齐国决定派兵救援，而如何制定救援策略成为关键问题。齐国的军事统帅孙膑并没有急于行动，而是首先深入调研，仔细分析了魏赵两国的军事实力、地理位置以及战争态势。通过调研，孙膑发现魏国的主力部队集中在攻打赵国的战场上，国内空虚。于是，他制订了一个大胆而巧妙的计划：不直接救援赵国，而是派兵攻打魏国都城大梁。这一策略的目的在于迫使魏国撤军回援，从而解救赵国。

这一策略能够成功，关键在于对魏国国内情况的准确掌握。孙膑通过间谍活动、情报收集以及与当地民众的交流，深入了解了魏国都城的防守情况、民心以及可能的援军来源。在掌握了这些关键信息后，孙膑才下定了攻打大梁的决心。

当齐国军队突然出现在魏国都城大梁时，魏国朝野震惊。魏王急忙下令撤军回援，赵国得以解围。这一胜利不仅彰显了孙膑高超的军事才能，更凸显了深入调研、掌握实情在军事战略制定中的重要性。

"围魏救赵"的故事告诉我们，深入调研、掌握实情是制定有效策略的基础。只有了解真实情况，才能做出正确的决策，取得最终的胜利。

深入调研与掌握实情相辅相成，共同构成了谋事规矩的核心。在谋事的过程中，我们必须遵守这一规矩，不断提高调研的深度和广度，确保我们的决策和行动始终建立在真实可靠的基础之上。

当然，深入调研、掌握实情并非易事。它需要我们有足够的耐心和毅力，去克服各种困难和挑战；还需要我们有敏锐的洞察力和判断力，去识别真伪、辨析是非。此外，我们还要不断学习和积累知识，提高自己的专业素养和综合能力，以便更好地应对复杂多变的现实情况。

在谋事的过程中，我们还应秉持开放和包容的心态。调研是一个双向交流的过程，我们不仅要倾听他人的意见和看法，还要勇于接受和吸纳不同的观点和建议。只有这样，才能更全面地了解事情的真相，更准确地把握问题的实质。

深入调研、掌握实情不仅是谋事的规矩，更是一种科学的态度和方法。它要求我们在谋事的过程中始终保持清醒的头脑和敏锐的洞察力，不断追求真理、探索规律、创新实践。

《礼记·大学》有云："物有本末，事有终始，知所先后，则近道矣。"深入调研、掌握实情便是谋事之"本"，是我们在谋事过程中必须遵循的基本规律。只有把握住这个"本"，才能在谋事的道路上稳步前行，取得成就。

在今天这个信息爆炸的时代，谋事的难度更甚于往昔。然而，也正是这样的时代背景，才更凸显深入调研、掌握实情的重要性。我们必须不断提高自己的调研能力和分析水平，以便更好地应对各种挑战和机遇。

同时，我们还要注重将调研成果转化为实际行动。调研本身并不是目的，而是为了更好地指导我们的实践。因此，在掌握实情的基础上，还要制定出切实可行的计划和措施，将调研成果转化为推动事业发展的强大动力。

总之，深入调研、掌握实情要求我们在谋事的过程中始终保持谦虚谨慎的态度，不断追求真理、探索规律，在谋事的道路上越走越远。

3. 立足长远，统筹兼顾

谋事者，非但求一时之利，更应谋长远之福。古语有云："不谋万世者，不足谋一时；不谋全局者，不足谋一域。"此语道出了谋事之真谛：必须立足长远，统筹兼顾，方能成就大业。

立足长远，意味着要有深远的眼光和宽广的胸怀。在谋划事情时，我们不能被眼前的利益所迷惑，更不能有短视行为。而应尽量站在历史的高度，以未来的视角来审视现在，预见未来。只有这样，才能制定出符合时代潮流、顺应历史发展规律的策略，为未来的发展奠定基础。

三国纷争之际，卧龙诸葛亮出山辅佐刘备，不仅在沙场上运筹帷幄，屡建奇功，更在朝堂之上、国家治理之中显现出超凡的韬略与深远的智慧。他深知蜀汉偏安一隅，与中原诸强相较，实力悬殊，故高瞻远瞩地规划了"北定中原，兴复汉室"的宏伟蓝图。为实现此目标，他南征北战，其中七擒七放孟获之举，不仅巧妙地平息了南中一带的反叛，更在不动声色间收获了边疆民众的信赖与支持，为蜀汉的稳定与昌盛奠定了基石。诸葛孔明之智，非但着眼于眼前的胜负得失，更心系天下大势与国家的长远大计，其深谋远虑，令人钦佩不已。

古人云："千里之行，始于足下。"要实现长远的目标，必须从现在做起，从点滴小事做起。我们不能因为目标遥远而放弃努力，更不能因为路途艰难而退缩不前。只有持之以恒，积小胜为大胜，才能一步步接近心中的理想。

秦始皇在统一六国后，不仅重视加强中央集权，更在推动国家发展方面展现出统筹兼顾的智慧。

他推行一系列改革措施，以加强中央集权。他废除了分封制，代之以郡县制，使国家的权力更加集中；他统一度量衡、货币和文字，促进了经济文化的交流与发展；他修建了万里长城，抵御外敌入侵，保卫国家安全。这些改革措施虽然在当时看来需要付出巨大的努力和牺牲，但从长远来看，却为国家的繁荣稳定奠定了坚实基础。

在此基础上，秦始皇统筹兼顾，注重平衡各方利益。比如，在推行改革的同时，他也注重发展经济和文化事业。他兴修水利，改善农业生产条件，促进了农业的发展；他严行法令，维护社会秩序，保障了人民的权益；他重视教育，编写《仓颉篇》等识字课本，提高了人民的文化素质。这些举措既增强了国家的综合国力，又满足了人民的需求，实现了国家与人民的共同发展。

当然，秦始皇的治国理念的推广过程并非一帆风顺。他遇到了来自各方面的阻力和困难。但他始终坚定信念，不畏艰难，勇往直前。他用自己的智慧和勇气，克服了重重困难，最终留下许多举世瞩目的奇迹。

伟大的领导者必须具备立足长远、统筹兼顾的战略眼光和综合能力。只有这样，才能制定出符合时代潮流、顺应历史发展规律的策略，从而推动国家全面发展。

统筹兼顾，是一种智慧，也是一种艺术。它要求我们在谋划事务时要全面考虑各方面的因素，权衡利弊得失。同时，还要善于协调各方关系，调动各方的积极性，形成合力，共同推动事业的发展。

然而，立足长远并不意味着忽视眼前。我们在追求长远目标的同时，也应关注当前的实际情况，处理好眼前的问题。也就是说，既要看到全局，又要关注细节；既要考虑长远，又要立足现实。

立足长远，统筹兼顾，也要求我们注重创新和变革。我们应与时俱进、与时偕行，切勿墨守成规、不思进取，那样只会落后于时代，无法适应新的形势和要求。我们要敢于突破传统思维的束缚，勇于探索新的方法和途径，以创新的精神来推动事业的发展。

立足长远、统筹兼顾并不是一蹴而就的事情，它需要我们具备深厚的理论素养、丰富的实践经验和敏锐的判断力。我们要不断学习新知识、新技能，提高自己的综合素质和能力水平；同时，还要善于总结经验教训，不断反思和改进自己的工作方法和思路。

"故明者远见于未萌，而智者避危于无形。"一个明智的谋事者应该具备预见未来的能力，能够在问题尚未显现时就有所察觉；同时，还应该具备规避风险的能力，能够在危机尚未形成时就采取措施加以防范。这正是立足长远、统筹兼顾的精髓所在。

一、谋事规矩：立场坚定，格局远大

4. 恪守规则，坚守底线

无论是做人还是做事，都要有底线。在谋事过程中，若想确保行为的正当性和合理性，必须遵守规矩，坚守底线。古语有云："矩不正，不可为方；规不正，不可为圆。"这句话便强调了规矩的重要性，也道出了谋事者的行为规范。恪守规则，坚守底线，不仅是个人品德的体现，更是事业成功的基石。

恪守规则，意味着在行事过程中要遵循既定的准则和制度。规则是社会秩序的基石，是公平正义的保障。无论是国家法律、行业规范，还是企业制度、道德规范，都是我们在谋事时必须遵守的规则。恪守规则，不仅能够维护社会的和谐稳定，更能够保障个人的权益和利益。

坚守底线，则是谋事者在面对诱惑和挑战时，要坚守自己的道德底线和法律底线。底线是我们的行为准则和道德标准，使我们在面对复杂情况时能够保持清醒和理智。只有坚守底线，才能在面对诱惑时不动摇，面对挑战时不退缩。

著名诗人文天祥，生活在南宋末年，国家处于风雨飘摇、外患内忧之中。面对元朝的入侵，他毅然决然地担起了保卫国家的重任。他深知，作为一名将领必须恪守军纪、服从命令，这也是他身为军人的底线。因此，在战场上，他始终严格遵守军事规则，不滥杀无辜，不违背军令，以高度的纪律性和责任感赢得了将士们的信任和尊敬。

文天祥还是一位忠诚于国家、坚守民族气节的英雄。当南宋朝廷陷落，他被俘虏后，元朝统治者曾以高官厚禄诱惑他投降。但文天祥坚定地拒绝了，他坚守着自己的底线——决不背叛自己的国家和民族。他深知，投降不仅意味着个人的背叛，更是对整个民族尊严的践踏。

在狱中，文天祥写下了许多感人肺腑的诗篇，表达了他对国家的深深眷恋和对民族气节的坚守，展现了一位爱国将领的高尚品质。

最终，文天祥在元朝的残酷迫害下英勇就义。他的死，不仅是对自己恪守规则和坚守底线的最好诠释，更是对后人的一种深刻教育。他用自己的生命，捍卫了国家尊严和民族荣誉，成为中国历史上一位不朽的英雄。

恪守规则、坚守底线，是一个人人品的底色。坚守底线不仅是对个人的要求，更是对社会的责任。在公共生活中，我们应该尊重他人的权益，不侵犯他人的利益；在职业生涯中，我们应该遵守职业道德，不利用职务之便谋取私利。

恪守规则与坚守底线共同构成了谋事者的行为规范。这种规范为我们提供了行动的框架和方向，让我们做任何事都有边界和底线。在谋事过程中，我们要时刻牢记这些规范，确保自己的行为不出格、不逾矩。

恪守规则、坚守底线并不简单，因为我们身边总会有各种诱惑和挑战，它们可能会让我们动摇信念、违背原则。因此，我们需要时时自我警示。

此外，我们也应不断加强自身的道德修养、提升法律意识。通过学习法律知识、了解道德规范，可以更好地认识规则和底线的内涵和意义，从而更加自觉地遵守它们。我们还可以通过反思自己的行为、接受他人的监督等方式，来不断提高自己的道德水平和行为标准。

在恪守规则和坚守底线的过程中，我们还需要注重平衡与灵活。规则虽然重要，但并非一成不变。在面对新的情况和问题时，应当根据实际情况灵活调整，以适应变化的环境和需求。同时，也要在坚守底线的基础上积极寻求创新和突破，以推动事业不断发展。

总而言之，恪守规则、坚守底线是谋事者必须遵循的规矩。二者相辅相成，并非孤立存在，它们与我们的人生态度和价值追求紧密相连。一个人如果能在日常生活中始终恪守规则、坚守底线，就必然会在为人处世上抓住要点，在心中筑起一道规矩之墙。

二、社交规矩：先交朋友，后做生意

1. 以礼待人，海纳百川

待人有道，能集大成，人虽有高低之分，善却无云泥之别，身处在世，对待所结识的每个人，都应该给予最基本的礼仪。

《论语》有云："礼之用，和为贵。"意思是做事要斟酌自身与他人间的损益，做到从容中和。在生意场上，礼仪就是一项重要的规矩，只有待人有礼，才能换来双方的合作。

善于经营的人把社交礼仪作为约束自己的标准，他们对待强者不露怯意，对待弱者不露鄙意，对待富者不露羡意，对待穷者不露怜意，秉持对每个人都以礼相待的原则，处世有方，虚怀若谷，最终在生意场上万事亨通；而不善于经营的人则作茧自缚，以小人之心度君子之腹，待人不礼、不才、不善、不美，最终又将自己的过错埋怨到别人身上，以求自保无虞，这样的人终会自食恶果，在生意场上也不会有任何依靠。

海纳百川，有容乃大；壁立千仞，无欲则刚。身为普通人，要想在生意场上有所建树，就应待人有礼、平心静气。不讲礼仪的人，与人交往则为人不端，谈及合作便唯利是图，没有人指使也会自甘堕落，纵使他是常人，也会随波逐流、误入歧途；而讲究礼仪的人，与人交往会常常反省自我，与人交流会重视举止谈吐，纵使他是常人，也会日渐向善，终有一天可以有所成就。

猗顿是晋国的一位书生，由于家境贫寒，他无法依靠仕途改变命运，只能寻找其他途径来赚取钱财。范蠡是晋国赫赫有名的大商人，猗顿听闻过他的许多事迹，知道他不仅辅助越王勾践成功复国，还在离开越国后踏上了致富之路。因此，猗顿满怀希望，渴望找到范蠡，虚心向他请教经商之道。

经过一番努力，猗顿终于历尽艰辛来到南方，找到了范蠡。面对这位商界巨擘，猗顿表现得毕恭毕敬，恳切地向范蠡请教经商的方法和致富的秘诀。范蠡看到猗顿态度谦逊、诚意十足，便赠给他八个字："子欲致富，当畜五牧。"

得到范蠡的指点后，猗顿按照他的建议，在一片水草丰茂的地方开始实施自己的计划。他深知财富需要慢慢积累，因此无论时间过去多久，他都辛勤工作，不懈努力。几年后，凭借养牛的技术，猗顿终于成为富甲一方的商人。

从书生到商人，猗顿凭借礼仪学到了经商之道，开启了他的经商之旅，也正是因为他懂得礼仪，懂得以礼待人，才坐拥了千万财富。

孔子云："不学礼，无以立。"意思是说，为人处世中懂得礼仪极为重要。有教养、懂礼数、知礼节，这是中华民族几千年来的道德修养，在人际交往中，这是一项基本素养，在生意场上，这是一种社交规矩。做生意时，如果没有礼仪教养，不仅个人口碑会崩塌，还会损害自己的利益。

历史记载，孔子在担任鲁国大司寇期间，曾陪同鲁定公参加鲁国与齐国的会盟。当时鲁国国力较弱，而齐国势力强大。齐国试图通过这次会盟达成双方合作的关系，得到鲁国更多的好处，谋求更多利益。然而，在会盟过程中，孔子凭借自己深厚的礼制知识，巧妙地化解了齐国的图谋。

当齐国在奏乐之际，安排一群人手持羽毛、武器，声称要表演舞蹈时，孔子立刻指出："两国会盟，岂能用夷狄之野蛮舞乐，此非礼也！"

孔子的话不仅直指齐国行为的非礼之处，也展示了鲁国对礼仪的坚守。然而，齐国并未就此罢手，又安排戏子侏儒上台表演。面对这种情况，孔子毫不客气地表示："匹夫胡闹迷乱诸侯，依罪当诛！"最终，戏子侏儒被拖下去斩首。

此次会盟，孔子凭借自己的智慧和坚定的立场，成功地维护了鲁国的尊严，使齐国不仅未能得逞，反而颜面扫地。这一事件充分展示了春秋时期对"礼"的重视，以及懂礼守礼在维护国家利益和尊严方面的重要作用。

齐国戏谑鲁国使臣的事例是典型的作茧自缚，若齐国从一开始就以礼相待，遵守社交规矩，对待别国使臣尽应有的礼数，这次会盟就不会以失败告终，两国之交也不会破裂。这则故事也为世人敲响了警钟，告诫世人在与他人进行利益互换时要讲究礼仪规矩，应该以礼相待。

如今，随着传统美德的影响越来越大，待人礼节逐渐得到重视，从古代流传下来的古训也被人们传诵。如果说家教是一个人行事的基础，那么礼节就是个人行事的实践。不仅在生活中，在商业圈里，礼仪也成了一种社交规矩，只有将所听所学运用到实践，才能不断结交到新朋友，扩大自己的生意来源。

在生意场上，我们会遇见形色各异的人，只有以平常心面对他们，对遇见的每一个人都和颜悦色，不鄙视他人，不抬高自己，才会与他人建立起信任。若是戴着有色眼镜看别人，趋炎附势，无端揣摩他人，久而久之，就会失去准确的判断力，变得自负且不受众人欢迎，也就不会有人想要与我们合作了。

以礼待人，方可海纳百川，要想前方的路越走越宽，我们就不应该自诩英雄。每个人都有他的特长和本领，若是凭借外在判断一个人是否可以结交，只能说明自己浅薄。古有张良为老人拾鞋，纪晓岚笑谈方丈，种种事迹都告诫世人：和以处众，宽以待下，恕以待人，君子人也。君子处于世，不嘲笑地位比自己低者，不艳羡地位比自己高者，谦卑有礼，才能高朋满座，经商才能如虎添翼。

2. 以信为义，诚以经商

《礼记》中云："不宝金玉，而忠信以为宝。"意思是说，金玉并不值得宝贵，比金玉更宝贵的是诚信，由此可以看出古人对诚信的重视。

古人将"诚、信、义、恕、让"五条儒家道德规范贯彻至经商之中，推崇诚信为本、利以义制、以义取财、乐群贵和、推己及人的商业道德，而这之中，将诚信放在首位，足见诚信在经商中的地位。

自古以来，诚信就被视为经商中德行的标准，严禁众多不义取利的行为。可以说，没有诚信，交易就难以达成。古人在诚信经商的路上立下了不少规矩，例如：在经商时讲究"不二价"，同一样东西必须卖出一样的价格，不能故意抬高它的物价，牟取他人利益；再如"均输""平准"，汉武帝设立均输官，负责在各地收取百姓向朝廷进贡的农产品，拿到附近出价更高的地方出售，以此来达到"平准"的目的。所谓"平准"，意思是平抑物价，不允许商家非法牟利。

凡此种种，都是古代经商过程中所遵守的规矩，无规矩不成方圆，不管何时何地，诚信经商都应该成为规范商家行为的一种准则。

明朝时期，有一位名臣叫杨博，他的父亲杨瞻曾经是个商人，在淮扬一带经营生意。有一次，一位来自关中的盐商将一千金的钱交给杨瞻，请他代为保管。

然而，这位盐商离开后就再也没有回来，杨瞻不知道该如何处理这笔巨款。于是，他决定将这笔钱埋藏在一个花盆中，上面种上花卉，并派人前往关中寻找盐商的下落。

经过一番努力，他们终于找到了盐商的家，但遗憾的是，盐商已经去世了，家中只有一个儿子。杨瞻得知这一消息后，便邀请盐商的儿子到杨家来。他指着那个花盆说："这是你父亲生前寄放在我这里的金钱，现在交给你带回去吧。"

盐商的儿子听到这番话后，感到非常惊讶，不敢轻易收下这笔钱。杨瞻诚恳地说："这是你家的财物，你应该收下它，不用推辞。"说完，他向盐商的儿子讲述了整件事情的经过。盐商的儿子深受感动，感激地接受了这笔钱，叩谢而去。

后来，杨瞻因为这件事，赢得了很多人的尊重和信任，生意也愈发兴隆。他最终安享晚年，后辈也有所成就，家族世代显赫。

杨瞻的故事在当时家喻户晓，正是因为诚信，杨瞻获得了很多的生意。有道是"人无信而不立"，杨瞻与众人不同的地方，就在于他坚守自己的诚心，这种诚信做人的生意态度为他带来了一次次获得财富的机会。

不管是在古代还是在当代，我们都不能随波逐流，如果杨瞻在没有等到盐商时私吞了那笔钱财，看似他获得了利益，实际上却丧失了诚信给自己带来的更多财富。

清朝乾隆年间，南昌城有位点心店店主叫李沙庚。起初，他因为货真价实，赢得了顾客的青睐，生意红火。然而，随着赚的钱越来越多，他开始掺杂假货，对顾客也变得怠慢起来，渐渐地，生意变得冷清了。

一天，著名书法家郑板桥来到他的店里用餐。李沙庚非常高兴，恭敬地请郑板桥为他的店铺题字。郑板桥挥毫泼墨，写下了"李沙庚点心店"六个大字，吸引了众多人前来观看。但奇怪的是，尽管围观的人很多，却没有人愿意买他的点心。

李沙庚仔细一看，发现原来郑板桥写的"心"字少了一点。他感到十分困惑，于是去询问郑板桥原因。郑板桥告诉他："店名并没有写错。你以前的生意之所以兴隆，是因为你的'心'字有那一点，代表着你的诚信和用心。而现在生意惨淡，正是因为你的'心'字少了那一点，意味着你失去了诚信和用心。"

李沙庚听后，深感惭愧，这才意识到始终如一地诚信经营的重要性。于是，他下定决心改变现状，重新找回那份对顾客的真诚和用心。不久之后，他的生意就又一次红火起来，重新赢得了市场的认可。

李沙庚最初待人友善，诚信经营，所以获得了很多顾客，可最后被利益蒙蔽，误入歧途，生意每况愈下，好在最后经贵人点拨，意识到了自己的错误，于是痛改前非，改过自新。其实，许多人都曾有过李沙庚的经历，在奔忙的道路上逐渐被利益蒙蔽，这时一定要保持初心，对世界真诚，对顾客诚信，如此才不会丧失信用，自食恶果。

诚信在经商过程中犹如定海神针，只有遵从诚信这条规矩，才能在商业道路上越走越远，把路越走越宽。诚信要求的不仅是说实话，也要求负责、守信。背信弃义不可取，利大于义不可取，诚信经商，必须做到货真价实、言出必行。

3. 不露锋芒, 低调处事

《易经》中云:"谦谦君子, 卑以自牧。"意指高尚的人, 总是待人谦虚, 居功而不自满, 位高而不自夸, 掌权而不自傲。

从古至今,"低调"都被视作一种修养、一种智慧, 古人经商时追求低调做事, 相信这样才能聚财, 不散财, 财源广进。在生意场上, 也有很多人将低调作为一种规矩来约束自己, 做事低调, 能摆脱不必要的麻烦, 说话低调, 能不困于泥潭之中。讲究低调的人, 说话做事才能让别人觉得亲近, 在遇到风险时才有全身而退的机会。

富者不露财, 智者智若愚, 做事讲究低调, 会让别人觉得舒服。古人做事讲究"不自见, 不自是, 不自伐, 不自矜", 意指做事时不显露自己, 不自以为是, 不自我夸耀, 不故意矜持。在任何场合, 说话骄傲自大, 行事不可一世, 都会让别人觉得不舒服, 特别是在生意场上, 稍露锋芒, 轻则口诛笔伐, 重则身败名裂。所以, 低调行事, 是生意场上的一条重要规矩, 只有讲究这条规矩, 才能抚平人心, 让人感到亲近, 进而才有做生意的机会。

范蠡是春秋末年越国的杰出谋士, 智勇双全, 任越国的大夫。在勾践三年的艰难岁月里, 吴王夫差大败越军, 勾践忍辱负重，屈身入吴为臣。范蠡亦随勾践入吴为质，历经两年磨难。待得归国，他与文种共谋大计，精心策划了兴越灭吴的九项策略，成为越国"十年生聚，十年教训"这一伟大复兴计划的核心策划者和组织者。

范蠡跟随勾践长达二十多年，风雨同舟，共同奋斗，最终助越国灭吴，成就霸业。他不仅在军事方面出谋划策，更在精神上鼓励勾践卧薪尝胆，矢志复仇。然而，范蠡深知人性复杂，他洞悉勾践的性格，明白与其共患难易，共安乐难。因此，在越国欢庆胜利之时，他选择了急流勇退，带着家人悄然离开了越国。

之后，范蠡辗转来到齐国，隐姓埋名，以鸱夷子皮的身份开始了新生活。他与儿子及门徒在海边结庐而居，辛勤耕作，同时开展副业和经商活动。

凭借智慧和努力，没过几年范蠡便积累了巨额财富。他乐善好施，慷慨解囊，赢得了齐人的尊敬。齐王更是亲自邀请他入朝，担任相国一职。然而，范蠡深知名利之累，他感慨道："身居高位，家财万贯，对于一个出身贫寒的布衣来说，已是极致。长久的荣耀，未必是福。"于是，三年后，他再次选择急流勇退，归还相印，散尽家财，将财富赠予亲友。

最后，范蠡身着布衣，第三次迁徙至陶地（今山东定陶西北）。这里地理位置优越，交通便利，商贸繁荣，是经商的理想之地。他运用自己的智慧和经验，顺应时势，经营有道，很快便再次积累了巨额财富。他自号陶朱公，成为当地民众敬仰的财神。范蠡的经商之道不仅注重利益，更强调道德和诚信，被誉为我国道德经商的典范。

低调的人，财富会为他带来更多的机遇和可能。无心插柳柳成荫，范蠡正是因为低调行事，没有在众人面前崭露锋芒，才落下一个好名声，他的经商之路也才越发顺畅。

世上有很多被财富蒙蔽双眼的人，赚到一点钱财就沾沾自喜，获得一点名声就自鸣得意，完全将"低调"置于事外，这样的人在生意场上经不起考验，社交方面遇不见诚心，也容易被人抓住把柄，当他们将自己的财富暴露在世俗中，将自以为是看作高人一等，就会被遮蔽双眼，从而错失良机，甚至会将自己之前的财富也统统散尽。所以，要想在生意场上进退有度、保全自身，必须低调行事，约束自己的言行。

从古至今，因为骄傲自满而丧失财富和机会的人数不胜数，因为低调自矜而风生水起的人也比比皆是，大富之人之所以能够敛财，是因为时刻约束管理自己的言行举止。

低调行事是一条重要规矩，几千年来，已经有无数人用血泪加以验证。时至今日，讲究低调已经是经商之人的一种共识。讲究低调，要做到不树大招风、不沾沾自喜，获得了再大的荣誉，也不要轻易说出口，避免招致祸端。

低调也会为自己带来真正的朋友，因为低调行事的人会让人觉得舒服、顺心，因此，我们要学着将自己的才华收敛起来，将自己的荣誉埋在心底，善于发现自己的不足，善于发现别人的优点，即使自身比别人优秀，也要对别人加以赞许和鼓励，唯有如此，才不会无端招人嫉妒，惹上麻烦。

4. 谨言慎行，独善其身

言多必失，行多必过，聪明的人都善于审时度势，会仔细斟酌什么话该说，什么话不该说。

《论语》中云："君子于其言，无所苟而已矣。"意思是说，君子对于自己的言行，从来不会马虎对待。言行上的谨慎始终都能显露出一个人的境界，与朋友交谨慎，可换真心；与生人交谨慎，可换尊敬；与商人交谨慎，可换前程，不管在任何场合，都必须慎之又慎。

智者拥有巧舌，便如虎添翼。可见，话说得好，便会让自己终身受益，在这方面，古人便下过苦功。人无矩而不立，从古时起，人们就将慎言视为一条规矩，比如，古人讲究"处事戒多言"，告诫世人在为人处世时少说话，但也不意味着什么都不说，而是少说无用的话；又如"言必有防"，告诫世人说话要有分寸，不能说轻佻不尊敬的话；再如"戒轻言"，告诫世人不要轻易承诺，如果有承诺，要做到"口言之，身必行之"。一个人只有把握好说话的分寸，张弛有度，见机行事，才能牢牢握住自己的财富，吸引更多的人脉。

曹操麾下有一位名叫杨修的主簿，才情横溢，却不幸遭到曹操的杀害。其原因，就在于他过于张扬。

某日，杨修受命监督丞相府大门的建造。曹操经过时，仅在大门上方题了一个"活"字便匆匆离去。杨修聪慧过人，立即领悟曹操之意，认为大门过于奢华，于是下令拆除重建。

又有一次，曹操与杨修共赏曹娥碑，碑上刻有"黄绢幼妇，外孙齑臼"八字。曹操尚未发表意见，杨修便抢先赞美，并逐字为曹操解译。此类事件频发，曹操逐渐察觉到杨修的才华远胜于己，心生嫉妒，萌生了除之而后快的念头。

曹操自封魏王，亲自率军与蜀军交战，战事不利，进退维谷。一日，曹操见碗中鸡肋，感慨战事如同鸡肋般"食之无肉，弃之可惜"。此时夏侯惇入帐，曹操随口说出"鸡肋"。杨修闻之，便命随行军士收拾行装，准备撤退。夏侯惇不解，杨修解释道："鸡肋意味着食之无味，弃之可惜。魏王之意，进不能胜，退又恐人笑，故宜早归。"夏侯惇信服，亦令军士收拾行装。

当夜，曹操见夏侯惇寨内军士准备行装，召其入帐询问。夏侯惇告知杨修已洞悉大王心意。曹操怒召杨修，质问其何以知之。杨修以鸡肋之意对答，曹操大怒，以造谣扰乱军心之罪，下令将杨修斩首示众。

从这个故事中我们可知，不管什么时候都要小心谨慎。杨修的确聪明绝顶，能洞察他人所不见，猜透他人所不解。然而，他也愚蠢至极，不懂如何自保。他至死都不明白，正是自己过分显露的聪明招来了杀身之祸。他的聪明固然赢得人们的喜爱和赞赏，但过于滥用，终究会引人嫉妒。

很多事情，自己心里知道就好。能够揣摩出别人的心思固然能展现自己的敏锐，但是不应该将所洞察之事大肆宣扬，不然就会落得与杨修一般的惨淡结局。

谨慎也体现了一个人的精明，谨慎的人自带一种亲近感，他们无论说话还是做事都让人顺心，谨慎的人办事，效率往往出奇高。

在社交上，人们讲究谨慎，却容易陷入一个误区。谨慎常与不会说话混为一谈，其实不然，不会说话是理性使然，话虽有理，但并不好听，因此让人感到疏远；而谨慎说话是一种艺术，话好听，也句句在理，即使本意是批评，但总能给人台阶，因此不会惹人生厌。

在生意场上，也要时刻不忘谨慎这条规矩。与人做生意，稍有不慎便可能满盘皆输，不了解自己的人，只会从言行和眼神中判断自己的人品，这时就要格外注重自己的言行举止，不要将别人的秘密透露给他人，也不要将自己即将执行的计划泄露出来。但是，谨慎不意味着什么都不说，只不过要换一种方式去说。虽说忠言逆耳，但是每个人都想听好听的话，所以，事事讲究谨慎，也就等于事事都为自己留了一条后路。

战国时期，魏文侯与其他君王一样，喜欢听奉承话而不愿接受批评。某日，他让臣子们评价他的人品。臣子们纷纷献媚奉承，魏文侯觉得索然无味，于是点名让任痤发表看法。任痤性格刚直，毫不客气地直言道："您并非一位仁厚的国君。您攻城略地，却未将胜利果实分封给兄弟或长子，这能算是一位仁德的君主吗？"魏文侯一听，果然心生不悦，命令手下将任痤赶出宫殿。

这时，尚未发言的翟黄站了出来，说道："大王，您其实是一位仁厚的君主。常言道，有仁德的君主，朝中必然会有刚直不阿的臣子。刚才任痤敢于直言不讳，足见您是一位有德之君。"魏文侯听出了翟黄的言外之意，顺水推舟，立刻派人召回任痤，并拜他为上卿，同时翟黄也因其智慧得到了重用。

由此可以看出，说话的确是一门艺术。翟黄表达的意思何尝不是任痤的意思？但是翟黄一言，既让魏文侯有台阶可下，又变相夸了魏文侯的政治清明，更提醒了魏文侯应该怎样处置直言口快的人才。正是因为翟黄言行谨慎，魏文侯才没有感到不快，任痤也免受责罚。

一个明智的领导者应该能够听取并接受不同意见，尤其是那些直截了当、切中要害的意见。同时，也需要有一双慧眼，能够识别出真正有才华、有见识的人才，并给予他们应有的重用。

俗话说，事以密成，语以泄败。在生意场上，如果每个人都遵循谨慎这条规矩，也就等于保住了秘密，而保住秘密也就保住了财富。

《鬼谷子》有言："言多必有数短之处。"想要做到谨言慎行，就要从言行上约束自己，做到噤声、忍耐。要忍住自己开口的冲动，在说话做事之前想想该不该说，该不该做；也要在说话做事之前想想怎么说才合适，怎么做才不会得罪人。

5. 以和为贵，不失人心

浮躁抚不平人心汹涌，争执终败于人心叵测。生意场上，最忌讳的就是与能给自己带来利益的人斗气。

《尚书》中云："必有忍，其乃有济；有容，德乃大。"宰相肚里能撑船，忍耐是一种智慧，包容是一种风度，凡事学会退一步，也是给自己留一个容错空间。

"以和为贵"意味着要有一颗包容心。古人提倡和气生财，"和厚生财，以人为本"更是儒家文化影响下经商的一大标准。在倡导包容的路上，孟子倡导"天时不如地利，地利不如人和""得人心者得天下"；孔子主张的是"和为贵，忍为高"。可见，古人对"和"的应用在生意场上和人生中都不可或缺。

"和"作为中华民族的一种优良传统文化，于古代教人立身，于现代教人处事。在生意场上以和为贵、谦逊大度，忍耐一时怒火，营造祥和气氛，退步飘摇之外，才能达成合作。若是身心浮躁，与他人稍有摩擦就争执不下，便会断掉自己的财路。所以，隐忍退让，才能广开财路，平步青云。

吕坤是明朝著名政治家、思想家。当时，北魏国力衰弱，百姓民不聊生，吕坤身处其中，想要另辟蹊径救回自己的国家。他观察到商贾之间竞争激烈，同行之间为了利益搞得乌烟瘴气，商业状况每况愈下，所以，他成立了一个商会，想要通过改变商业环境，创造良好的商业氛围。

成立商会后，他倡导"和气生财"，要求商会成员在交流时和顺友善，互相尊重，互相理解，他本人也以身作则，对待商会成员始终友善谦和。这种和谐的氛围很快传播开来，大家纷纷效仿。在此期间，吕坤还设立了多项制度，规定了合理的价格、透明的交易、买卖双方的权益执行等。渐渐地，商会名气越来越大，越来越多商贩加入，他的商会成为整个国家的商业贸易中心，由此北魏的商业贸易得到了极大的发展，国家经济状况也得到了改善。

不难看出，谦和对于生意场上广开财路有多么重要。吕坤之所以能够将商会发展到全国最大的经济贸易中心，就是因为他始终如一地遵守"和气生财"的原则，不仅要求商会成员待人谦和友善，也严于律己，以身作则，如此才为他和他的商会赢得了好名声。

所谓和气生财，就是要有以小家顾大家，以个人顾群体的包容情怀。人人都应以和为贵，儒家要求世人做到谦和待人、平心对人，只有这样才能为自己带来人脉，创造财富。

在社交中，谦和待人可以创造良好的人际关系，为自己创造庞大的社交圈；在经商中，谦和待人可以为自己赢得声誉，带来更多的合作伙伴。谦和是一种修养，我们要将这种修养发散到自己的生活中，以为自己带来持续的收益。

古人将"和"看作天地之间的生存智慧，古往今来，谦和也被融入生活中的方方面面，所以今人也讲究和谐、融洽，并且将"和气生财"作为经商中的美德，传承下去。因此，破坏"和"的行为，就等于破坏了天地之间的智慧，长此以往必将声名狼藉。

清朝雍正年间，有一家客栈开在京城的黄金地段，一时间生意火爆，宾客纷至沓来。客栈老板见此情形，不禁飘飘然起来，越发觉得自己了不起，竟然开始以恶劣态度对待客人。有一天，一位客人不小心打碎了一只瓷碗，客栈老板不仅不接受对方道歉，还非要对方拿出十两银子来赔。此后，这家店生意逐渐变差，还接连被官府找麻烦，最终老板只能关门离开京城。

客栈老板后来一打听，才知道打碎瓷碗的那位客人是朝中的一位重臣，而自己正因为凡事不以和为贵，才会惹怒这位高官，导致客栈关门大吉。

同一时代的一家苏州小面馆，也遇到了同样的事情。一位抱着孩子的妇人在吃面，孩子不小心打碎了碗，店主不仅没有索要赔偿，还关切地询问孩子是否烫到，并且又给她们做了一碗面。此后小面馆的口碑越来越好，名声逐渐传开，生意也比之前更红火了。

从这两则小故事中，我们不难得出一个简单且重要的结论：

做生意要以和为贵。客栈老板就是因为赚到了小钱，心高气傲、自私自利，才破坏了和谐，可谓是一手好牌打得稀烂；而小面馆虽然规模小，但是老板在经营上做到了以和为贵，自然会赢得别人的尊重和信任，生意越来越好也在情理之中。

事实上，"和"也是一种为自己宣传的手段，客栈老板得到了十两赔偿，损失的却是远超十两银子的利润；小面馆老板损失了一碗面，却赚到了更多的面钱，两人都没有为宣传花费一分钱，却因经营理念而走向两个极端，可见，"和"才能赢得人心。

因而，古时人们就把"和"当成生意场上的一种规矩，和能静气，和能生财，这一点在今天同样适用。

俗话说，家和万事兴，面对家人，和能促感情，增兴旺；面对朋友，和能促友谊，增信任；面对顾客，和能促交集，增财源。无论何时何地，"和"一直是一大经商妙招，千百年来，和气生财潜移默化地成为一种经商规矩被人们所推崇，想要做到和，就要平心静气，对待客户心平气和，面对争执沉心静气，努力做到以和待人、以和处事，那么，一切都将朝着更有利于自己的方向发展。

三、用人规矩：不拘一格，人尽其才

1. 用人之长，避人之短

用人之长，避人之短，既是孔子留下来的一种选才用才的管理之道，也是从古至今人与人之间交往、相处的一种规矩和原则。《论语》有云："用人之长，天下无不可用之人，用人之短，天下无可用之人。"如果能够发现他人身上的长处，并加以充分利用，这世上就没有不可用的人才；如果只揪住他人的缺点和短处不放，那么天底下恐怕真的没有可用的人才了。所以，管理者要善于发现人才并为己所用。

《吕氏春秋·举难》中言："以全举人固难，物之情也。"长处与短处总是相伴存在的，这是一个客观事实，我们要正视并接纳它，一个人的身上有长处，必然就会有短处。当一个人在某些或某个方面表现出特别优异的才能时，同时也会显露出某些或某个较为突出的缺点。打个比方，特别谦虚的人，自尊心可能较差；而做事非常谨慎的人，往往是心思多疑的人。

用人讲究的规矩是不求全责备。"金无足赤，人无完人"，聪明的领导者，往往懂得用人之长，不会用苛求的眼光去审视别人，也不会把一个小缺点看得十分严重，而拒人于千里之外，他们总有一种善于发现他人身上优点和长处的能力，并且会利用他人的长处和能力，将他放在一个适合的位置，让他发挥所长。

魏元忠是唐高宗时期的监察御史，有一年，皇帝和皇后要移驾到东都洛阳，唐高宗让魏元忠去检查路线，确保整个行程的安全。

当时，京都正遭受旱灾，人们食不果腹，盗贼四起，即便侦察再严谨，可毕竟路途遥远，难免有疏漏的地方。于是魏元忠想到了一个办法，他让监狱长给他找一个能力高强的盗贼。很快，监狱长就找到了一个盗贼当中有声望的头目，魏元忠对这个举止不同寻常的盗贼很满意，当即打开他的手铐脚镣，并让他跟在大队人马的后面，防范其他盗贼的掠夺和抢杀。

这个盗贼得知自己有幸免于一死，自然非常高兴，便发挥自己所能，一路上尽心尽力。由于他对这一路盗贼出没的规律非常了解，所以，一路上防范特别严密，当唐高宗一行抵达洛阳检查后发现，多达上万的兵马竟然没有丢失一文钱。

显然，领导者需要掌握不求全责备的原则，知道每个员工的长处、能力和特点，了解他们的短处和不足。在工作中，要充分利用每个员工的长处，也要以包容的心态对待员工的短处，这无疑是一种高明的用人规矩，即避人之短。

管理者要用另一种思维看待员工的短处，想一想是不是由于把长处用错了地方才变成了短处。如果能像魏元忠利用盗贼偷盗的长处，保护了帝王的安全那样，才算是善用人之长，也就可以做到把员工的不同长处用在解决不同的问题上，助力自己成事。

用人的规矩还注重了包容。儒学大师朱熹说："不以小恶掩大善，不以众短弃一长。"意思是不要因为一个人犯了一个错误，就把他善良的那一面忽视了；也不要因为一个人有某个缺点就把他身上众多的优点都否定了。《左传·宣公二年》中云："人谁无过？过而能改，善莫大焉。"寻常百姓都不是圣人和贤人，谁又能不犯错误呢？但只要能真心改正，就比什么都重要，这即是用人规矩中"包容"元素的体现。

每个人在生活和工作中都免不了犯错误，有些人的错误可能因一时的冲动，有些人可能并没有意识到某些行为是错误的，那么我们作为旁观者和领导者，就要知道这些用人的规矩，如果发现了，不要一味地指责和批评他，更不能鄙视和纵容他，而应接纳和包容他，并给他指出来，让他去改正，这就是用人规矩中所讲的，做领导要有包容之心。

东吴时期著名的大将军周处，小时候是一个名副其实的街头霸王，当地的百姓甚至将他与河中的蛟龙、附近山上的白虎并称为义兴的"三大祸害"，而周处更胜其他两害。

当周处去拜见文化大家陆云时，陆云看到了周处内心的善良，他知道这个年轻人也有远大的志向，也想成就一番事业，只是太年轻，喜欢争强好胜，才做出了一些让很多人看不惯的行为。

陆云便指出了他骄纵霸道令人汗颜的缺点，并告诉他只要真心改过，就会赢回好名声。周处听从了陆云的教导，下定决心改掉自己的坏习气，转而发奋读书，还凭借自己力大无敌的优势为乡里除掉了蛟龙和猛虎两害，最终成为一名上阵杀敌、报效国家的大英雄。

周处的故事告诉我们，避人之短、用人之长对于一个人的成长和成才至关重要。在与他人交往时，我们要保持宽宏大度的容人心态。不要揪住他人的缺点不放手，甚至将其无限放大，乃至达到完全覆盖了他自身优点的程度，这就违背了避人之短的规矩；当然，容人也不意味着对别人的缺点和错误视而不见，完全接纳或盲目地认同，而是既能看到他的缺点和错误，也能看到他的优点和长处，并把目光转移到他的优点和长处上，对于他的缺点和错误给出中肯的意见，让他认识到不改变自我的严重后果，鼓励他去发挥自身的优点和长处，这才是用人所长的至高境界。

避人之短的内涵是，领导要了解，任何一个员工，都有对事业的追求和对美好生活的向往，要通过引导激发员工主动培养自身的道德品质，使自己具备高尚的道德、良好的心态、积极向上、乐善好施等众多良好的品质，让他知道在人们心中树立良好形象对于他将来的事业发展有多重要，如果得不到众人的支持和鼓励，他也会与人生理想失之交臂。

总之，只有掌握用人之长、避人之短的用人规矩，在人生事业中，学会选人、用人，把适合的人放在恰当的位置上，让他尽最大努力发挥自身所长，才能为我们的事业提供助力，让我们越过一道道险滩。

2. 用人不疑，疑人不用

《金史·熙宗本纪》中云："疑人勿使，使人勿疑。自今本国及诸色人，量才通用之。"这句话既蕴含了人际关系中与人相处的规矩，也揭示出团队管理中的用人规矩和聪明智慧以及基本信任原则，即如果感觉一个人不可靠、对他没有十分的把握，就不要轻易重用他；如果看准了一个人是人才，感觉他值得被重用，就要放心大胆地任用他，不要对他产生任何怀疑和不信任之感。

领导者在选拔人才的时候一定要慎重，一旦选择并任用了某个人，就要深信不疑，放心将一定的权力下放，让他用自己的方式管理团队及处理职权范围内的一切事务，遵从这样的规矩管理团队，才更容易把人才的最大潜力挖掘和发挥出来，使整个团队更加团结，凝聚成一股强大的力量。

南宋时期，与岳飞等人并称"中兴四将"的张俊就是一位用人不疑的武将。一次，他去后院的花园散步，看见一个老兵懒洋洋地躺在地上晒太阳，便疑惑地一边用脚踢他，一边问他为何倦怠到如此地步。老兵爬起来从容不迫地答道，也没什么事情可以做，还不如睡觉养精神呢。张俊问老兵能做什么，老兵说他对国际通商贸易略懂一些，能做一些这方面的事情。张俊说，可以给他一万铜钱，让他跑一趟海外。老兵说钱太少，连路费都不够，不愿意去。张俊给到五万铜钱，老兵还嫌钱不够。张俊问老兵到底需要多少钱，老兵说，至少得给五十万才够用。张俊很欣赏老兵的勇气，真的给了他五十万铜钱，让他自由支配。

老兵一去几年没有消息，很多人都说张俊被骗了。张俊却不动声色，静静等待。突然有一天，老兵满载而归，不仅带回来很多犀角、香料等珍贵药材，还有很多珍珠和不少马匹，这正是军中所缺的。同时他还获得了丰厚的收益，有了这些钱，就能补充军队的装备，储备军中粮草，强壮军队的气势，军容也会大振。

张俊非常高兴，就问老兵是如何做到的。老兵说他先打造了一艘富丽堂皇的大船，招聘了一百多名能歌善舞的美女和乐师，再去各处搜集各种金银、陶瓷奇珍异品以及绫罗绸缎、奇玩佳果等，将其作为交易品，又征募来十多位将军和数百名士兵，组建了一支规模庞大的访问团，再按照拜访海外诸国的宴乐礼节，足足演练了一个月，让这支商业团队看起来与国际贸易大使几乎一模一样。

到了海外，各国看到老兵的这种阵势，加上他出手阔绰，竟然没有一人怀疑他，都放心地与他交换、签订订单，支付给他货款，所以他赚回来的收益远远超过张俊给他的五十万本钱。张俊对老兵做出的成绩大加夸赞，还另外给了他丰厚的奖赏。

遵循用人不疑的法则，对于领导者管理团队极其重要。管理者既然看中了一个人才，决定任用他，就应当放下戒心，大胆地放权，并提供给他足够的资金和人力等，给予他最大的支持，让他没有后顾之忧、没有阻碍地去施展能力和才智。同时，既然选择放权，也不要去问他采取什么样的方法和措施，更不能用自己的思维干涉他、阻止他、指挥他。

当然，用人不疑也不是无条件地信任所有人，用人之前要学会识人，不了解一个人便轻信他，很容易搬石头砸自己的脚。所以，事前沟通，充分了解一个人的才能后再去放权会更有把握。

《王命论》中云："盖在高祖，其兴也有五：……五曰知人善任使。"这段话的意思是，汉高祖刘邦之所以能够成就一番大事业，是因为他身上有五个最为显著的兴国兴邦的特征，都是常人所不及或不具备的，其中第五条是他善于识别人才并能正确使用人才。

秦二世胡亥元年，刘邦被拥立为沛公，之后攻下丰邑和薛县。不久，手下雍齿带着丰邑降了复国的魏国，刘邦去抢夺城池，结果大败。刘邦感觉实力不够，就投靠了当时的楚王景驹。途中，他结识了也要去投奔景驹的张良。

通过深入交谈，刘邦了解到张良出身贵族世家，父亲张平继任韩国三朝宰相，张良家族世代为韩国沥尽心血，对韩国感情至深，张良也如此，却对秦朝恨之入骨，张良的终身信仰就是与秦朝血战到底。但凭借一己之力已经失败过一次，他倾其所有，雇用一个大力士，借秦始皇巡游之机，将一块重达一百多斤的大铁锤扔向銮舆（皇帝的车驾），可当时秦始皇并不在那辆车子里。

谋杀失败后，张良隐姓埋名，到处流亡。恰巧遇到了刘邦，当张良讲述他的太公兵法时，刘邦不仅能听懂，还能补充一二，两人就这样一拍即合。

后来，刘邦向项羽借来5000兵马，夺回丰县，活捉了雍齿，但念及旧情，刘邦放了雍齿。雍齿回归项羽麾下。楚汉大战之后，项羽被刘邦打败，雍齿又归为刘邦手下，帮刘邦打天下，出生入死。

西汉初年，刘邦犒赏起初跟他打拼天下的勇士，却冷落了后来归服他的军臣，这些人便想造反，刘邦让张良献计，张良说，陛下要给最痛恨的人封官才能让人信服。刘邦心领神会，次日大办宴席，当着群臣夸奖雍齿，并册封为侯，奖赏食邑2500户。张良之策果然安抚了众臣之心，大臣们认为连雍齿都能被册封，那么他们的高官厚禄也将指日可待，一场危机被化解，刘邦也得到张良和群臣的敬佩。

用人不疑，讲究的是公平对待做出贡献的人，不能只对手足亲友"不疑"，而对其他贡献者视而不见。疑人不用，即是在事先充分调查之后，选择信得过的人予以重用。遵从这一用人规矩，必将事半功倍。

3. 因事用人，各司其职

因事用人，也是管理中可以让各类人才各司其职的一个非常重要的规矩。《韩非子·定法》中云："今有法曰：'斩首者令为医、匠，则屋不成而病不已。'"这句话的含义是，如果有法令规定，让一个能够上阵杀敌的将军或士兵去做一名医生或工匠，只要立功就会给他奖赏，那么结果一定会是，房屋盖不成，病也不会治好。

功绩与奖赏不相匹配，即便给他再多的奖赏、再高的爵位和俸禄，他也做不来，医生与工匠的专业性和将士的勇武本就不是一回事，军人希望获得官职、爵位和俸禄，他们只会通过打仗的途径来获取。可是军人不会盖房子、看病，即便给他们再大的荣耀，他们也无法完成这样的任务。不遵守因事用人的规矩，就达不到职业和奖励相匹配的效果，继而出现牛头不对马嘴的人岗配置。

韩非子曰："夫匠者手巧也，而医者齐药也，而以斩首之功为之，则不当其能。"工匠都是心灵手巧之人，有精湛的手艺，医生则会识别药材、配制药物，如果硬是让那些历经沙场、战功显赫的将士去做工匠和医生所做的这些事情，那就与他们的才能背道而驰。制定用人规矩，实质是希望人尽其才，如若不然便违背了规矩的初衷。

善于用人能让管理者把人才的长处发挥到最大，把人才运用得得心应手，这就是因事用人规矩的意义——把合适的人才放在合适的位置上。

在挑选人才的时候，管理者先要清楚想要达到的目标是什么，即总体目标，再把总体目标分成一个个小目标，分析每个目标需要哪方面的人才，然后对号入座，填补空缺。人才的能力和素质有高低层次不同之分，人才的岗位要求也都不一样，让三者相互匹配、相互对应，就能给不同能力和素质的人才定好位置，就不会有多余空闲的人，也不会有起反作用的人，整个管理系统中的人员都将各司其职、协调对应。

反之，跳离了规矩，就容易发生大材小用的情况，造成人才浪费。《许巢论》中云："盖闻圣人在位，则群材必举，官才任能，轻重允宜，大任已备，则不抑大材使居小位；小材已极其分，则不以积久而合处过材之位。"意思是说，把重要的、贵重的或比较大的材料当成小材料用在小的地方，就会造成材料上的极大浪费。管理者在用人方面，不按照因事用人的规矩，就容易把一个有能力、有才华的人放在一个不起眼的位置上，让他去做一些无关紧要的琐碎事情，不仅委屈了人才，自己也借不到力。

东汉末年，在陈留郡浚仪县，有一个读书人叫边让，既聪明又有才华，在当地很出名。大将军何进听说了边让的才华，很想把边让请来辅佐自己，但又担心对方不肯听从自己的命令，就假装征兵，用强硬的方式把他招来，却只让他到一个很小的地方当了一个小令史。

大学士蔡邕认为边让应该得到重用，就对何进说："如果有一只鸡和一头牛，倘若用一个能装得下牛的大锅去煮这只鸡，将军您觉得是不是有些不妥？因为如果汤汁放多了，煮出来的鸡味道会变得很淡；如果汤汁放少了，又容易把水分耗干，鸡肉也不容易被煮熟。但如果用一个只能装下一只鸡的小锅来煮一头牛，这显然更加不合适吧。还望将军用大锅煮牛，用小锅煮鸡，用人不也是一样的道理吗？"

何进一听，顿时明白了蔡邕的意思，于是立刻重新任命边让，把他放在一个与他能力相当的位子上。后来，边让果然帮助何进解决了很多难题。

坚持因事用人的原则，才能给团队供应所需要的各种人才。因事用人，要求管理者容忍各类人的脾气和性格，接受他们的差异，以任务为重心，保持内部关系，而不是以人为重心，把目光集中到"谁好谁坏"上，继而忽略掉了"什么是好，什么是坏"。因事用人，也意味着我们在用人时不应考虑他是不是我喜欢的人，这个人能不能用，而是要着重考虑把这个人放在这个职位上到底能不能干得出色。

诸葛亮起兵北伐曹魏。他命令赵云、邓芝来迷惑和牵制敌军，占据箕谷，而后亲率十万兵马，准备向魏军据守的祁山发动突然袭击。马谡是诸葛最欣赏的参谋，他便把镇守街亭的重任交给了马谡。他一再嘱咐马谡，一定要守住街亭，它虽不大，却是通往汉中的咽喉要塞，街亭一旦失守，蜀军必败。并再三强调，安营扎寨时，要找一处靠山近水的地方，千万不能远离水源。

马谡作为先锋，抵达街亭后，看到崇山峻岭、地势险峻，便改变了诸葛亮的部署，执意要把营寨驻扎在山顶上。

副将王平再三劝阻，称军师精通兵法，切不可随意改变部署，再者，山顶远离水源，万一敌军围困，再断我粮草，我军就会不战自败。

马谡却得意地说："我军居高临下，势如破竹，若敌军来袭，将士们必然会义无反顾地拼杀，这种置之死地而后生的战略，也是取胜的秘诀。如果战败，我甘愿革职斩首，不会牵连到你。"于是他固执地把营寨驻扎到山顶。

魏明帝曹叡得知镇守街亭的是马谡，便派骁勇善战的张郃来反击，张郃得知马谡远离水源扎寨，喜出望外，立即派兵切断蜀军水源，阻断粮道，封闭所有下山之路，然后放火烧山。蜀军将士饥渴交迫，不战自乱，张郃乘机进攻，蜀军无处躲逃，溃败不堪，街亭失守，大局转变，诸葛亮无奈撤回到汉中。

诸葛亮因喜欢马谡而重用他，违反了因事用人的规矩，把一个会做参谋的人才放在了将军的位置上，在当时的节点看显然"小材大用"，继而造成战局突变，错过胜利的机会。这足以说明因事用人的重要性，因而管理者要谨记，秉承因事用人的规矩，才能达到各司其职、人尽其才的效果。

4. 知人善任，以愚困智

知人善任不仅是企业和管理者的用人技法，也是管理者善用人才的标志。企业的竞争归根到底是人才的竞争，组建一支高素质的人才队伍，是企业领导者的首要任务，而掌握了知人善任的用人规矩，将会为企业的发展提供持续的动能。

企业领导者既要善于"知人"更要善于任人。"知人"也就是"识人"，是企业领导者"择人"的重要过程，领导者只有学会了识人，才能正确地"择人"。"善任"也是一门管理艺术，领导者应具备"善任"的能力，做到在"识人"的基础上，针对不同的岗位需求选出不同能力的人才，将他们合理地安排在合适的位置上，使机构配置达到最佳状态。

人的时间和精力有限，所以不可能真的成为"全才"，胜任所有岗位。每个人天生的禀赋都是不同的，有的人天资聪慧，有的人愚钝呆板，有的人勤奋好学，有的人懒散懈怠……作为领导者，要学会区分和使用其中的大才、傲才、潜才等各种人才，方能成就大事业。

大才，毋庸置疑，他们可以提升企业的核心竞争力，使企业在市场竞争中保持领先地位。所谓大才，即学识渊博、谋略过人、胸怀全局，能够担当重任、独当一面的人才。在古代，这类人才通常担任军事、丞相等要职。企业中若有这样的人才，必然会给企业带来较高的生产效率，从而创造更大的价值，推动企业不断发展。《史记》中云："千羊之皮，不如一狐之腋；千人之诺诺，不如一士之谔谔。"这句话便道出了"大才"的可贵，也就是说，从人的角度看，质量远远胜于数量，即平凡且没有价值的人再多，也不如少数杰出的能做出贡献的人更有价值。

傲才，通常放荡不羁、出言不逊、很难与之相处，很容易成为众矢之的，也容易被一些偏听偏信的领导横加制裁或打入"冷宫"，造成了人才的流失和岗位的空缺。聪明的领导者总会用宽广的胸襟来对待这类人才，并明察秋毫，给周围看不惯他的人一个公正的说法。

潜才，平时总是不显山、不漏水，收敛锋芒，却能在关键时刻做出令人震惊的成就。领导者要有一双慧眼，及时发现他们闪光的品质，使他们的才华得到施展。

国外有一位著名银行家，年轻时工作非常不顺利，多次去应聘都被拒之门外。有一次，他又来到一家银行面试，不出所料地又被人事经理以工作经验不足等各种理由拒绝了。他拿着简历，低着头，非常沮丧地向银行的大门有气无力地走去。突然，有一道亮光刺到了他的眼睛，他禁不住闭上眼睛停下脚步，蹲下身子，这才发现是一颗小小的图钉，它安静地躺在光亮的大理石地面上，是阳光的照射让它反射出了刺眼的光芒。他有些担忧：万一谁不小心踩上去，那尖尖的钉头很可能会刺透鞋子，划破脚掌。他一边想，一边小心地拾起图钉。恰好这一幕被路过的董事长看在眼里，他想银行的工作不正需要这种细心谨慎的人吗？于是，第二天，这个屡次应聘失败的人就迎来了他人生中的转机——他接到了银行的聘用书。此后，工作中的他把自己手上的工作布置得井井有条。董事长去世后，他便接任了董事长的职位，成为世界著名的银行家。

《群书治要》卷三十一《六韬》中云："一曰，微察问之以言，观其辞。二曰，穷之以辞，以观其变。三曰，与之间谍，以观其诚。四曰，明白显问，以观其德。五曰，使之以财，以观其贪。六曰，试之以色，以观其贞。七曰，告之以难，以观其勇。八曰，醉之以酒，以观其态。八征皆备，则贤不肖别矣。"这段话道出的是古人识人的八种方法，也可以看作"八大规矩"，将其应用在现代管理中依然恰当。遵循这八大规矩，一个人贤明或不肖自然也就可以分辨出来了。

领导者掌握知人善任的用人规矩，还表现在是否能用"庸才"克制大人、傲人，成功地完成任务上。

北宋建立之初，南唐尚未收复。有一次，南唐派出一名叫徐铉的使臣，带着朝贡的物品访问宋朝，徐铉在当时非常有声望，而且他见多识广、博学多才，又善于言谈和辩论。按例，大宋朝廷要选派一名高级官员，负责陪伴徐铉同去汴京，以便这位南唐使臣在访问期间得到妥善的接待和安排。这也要求被派出的使臣至少会说"官话"，能与对方顺畅沟通。

然而，大宋朝廷的文武百官一听来访的使臣是恃才傲物的徐铉，都不敢主动请缨，更害怕自己被选中去做他的押伴使。这件事让宰相赵普感到十分为难，他一时间也不知道派谁去更好，就将这个情况汇报给了宋太祖赵匡胤。赵匡胤便让赵普先退下，由他自己来处理这件事。赵匡胤让禁卫军指挥官从侍奉左右、听候使唤的侍者当中找出十个不认识字的人，指挥官很快就写出了十个侍者的名字，并将名单呈上。

赵匡胤接过名单，连看都没看，便挥起手中的大笔，在名单上随便画出一个人的名字，然后说道，就让他去陪伴那个南唐使臣吧。这番操作，让满朝文武都感到十分震惊，大家面面相觑，对皇上点的这个人的能力表示极度怀疑，但碍于君臣礼节都不好说什么。赵普对于皇上的决定更是不敢多言，立刻吩咐那名侍者动身。这名侍者接到命令当然也不敢有半点怠慢，只能遵命照办。

等候在船上的徐铉，一见到来陪伴自己的押伴使，就开始发挥自己的特长，口若悬河地大谈文韬武略，并且言辞犀利，随从的人员听了都为他竖起大拇指，赞赏他的才华。徐铉就这样连续讲了几天，说得已经口干舌燥了，然而这个陪伴的使臣却从不反驳，也不发表自己的看法，只是不停地点头称赞。这倒让徐铉觉得心中没底了，他不知道面前的这个使臣学问到底有多高，担心自己的某些言论不妥遭到耻笑，最后竟然不敢再吭声了。就这样，一个大字不识的普通侍卫，竟然顺利完成押伴使的高难任务。

遵循用人规矩，借鉴古人的用人智慧，把合适的人放在合适的位置上，让"庸才"也能发挥他应有的价值，无疑是高明之举。

5. 不拘一格，广纳贤才

清代龚自珍《己亥杂诗》中云："我劝天公重抖擞，不拘一格降人才。"这句诗本意是古人奉劝帝王不要只限于一种规定，从而选拔出更多的人才，这是古代的用人之道，也成为现代企业管理团队的一种用人规矩。它打破了传统的用人思维，改变了过去的招聘方法和选拔人才的条条框框的限制，让企业不计前嫌，广纳人才，回聘各类优秀人才，把高质量的紧缺人才充实到团队当中，以提升企业的核心竞争力。

遵守不拘一格的用人规矩，要爱才惜才，重视人才的才华和能力，并要允许人才犯错，以包容之心尊重人才，接纳人才，方能成就大业。

有一天，苹果公司的总裁乔布斯正在和人力资源部经理盖勒一起吃午餐。此刻，盖勒的手机忽然响了，盖勒接起电话，原来是曾经在苹果公司工作了十多年的老员工尼万斯，他是一个研发天才，但曾不顾盖勒的一再挽留，毅然决然地选择离开。在他辞职这一年多来，他先后找了两份工作，可由于资金、设备等各种条件的限制，导致他的很多创意都成为无法实践操作的空想。于是，感到迷茫无助的尼万斯在喝醉后，鼓足勇气给苹果公司人力资源经理盖勒打电话，希望能重新回到公司。

盖勒一听，便气冲冲地骂他是个忘恩负义的叛徒，想重返公司是不可能的，然后就果断地挂断了电话，并将这件事情告诉了乔布斯，还说叛徒就应该得到这样的下场。

没过多久，苹果公司计划研发一个新项目，但公司里却暂时无法选出让乔布斯感到满意的带头人，导致这个计划一直无法实施。巧合的是，一次他在整理文件时，无意间发现了一份研究报告，更为巧合的是，这份两年前由尼万斯提交的报告内容，竟然与他计划研发的项目密切相关。他猛然一震，自言自语道："现在公司所缺的人才不正是尼万斯这样的人才嘛，如果他能重回公司工作，那么计划的项目不就可以马上启动了吗？"

乔布斯很兴奋，立刻把这个想法告诉了盖勒。起初，盖勒不理解乔布斯为什么要用一个背叛公司的人，既然已经离开，也就没有回来的资格了，更别说重用。然而乔布斯却很耐心地跟他解释，人才是公司的无价之宝，尤其像尼万斯这样的研发高手，更是不可多得的稀缺人才，万一真的被同行挖走，那将是公司无法弥补的损失，更何况，让他重返公司，我们的团队中就多一个有力帮手，为我们打败对手增加了胜算，这难道不是一件很值得尝试的好事吗？

盖勒觉得乔布斯的话非常有道理，就让尼万斯重新回到公司。尼万斯对再次入职充满感激，便更加卖力地为公司工作。盖勒看在眼里，受到启发，制定了一个"离岗留职"

的用人制度。后来，许多老员工虽然离开了苹果公司，但依据苹果公司的"离岗留职"制度，又重返苹果公司，由此，竞争对手很难从苹果公司挖走尖端人才，这也成为苹果公司跻身世界500强企业的一大助力。

管理者应当不拘一格，广纳人才，不以单纯的道德眼光去看待员工的跳槽，而应勇敢接受瞬息万变的竞争环境，积极地适应变化，主动拥抱变化。不断调整人才管理策略和选聘方式，以应对企业的发展变化和人才市场的挑战。还应重视用人制度的创新，提升人才核心竞争力，不断提供给他们发挥的机会和空间，以满足企业对人才的需求。

春秋战国时期，齐桓公为实现成为一方霸主的宏图伟志，广纳人才，更放下前仇旧怨，邀请曾经射杀他的管仲来辅佐自己，以成就中原霸主大业。

管仲年幼丧父，与母亲相依为命，虽然家境贫苦，但他却能刻苦博览群书，对政治、军事、律法都有深刻的认识，并对政治有独到的见解，在军事谋略方面也有极高的天赋。管仲特有的才华和能力让他的好朋友鲍叔牙非常欣赏与敬佩，因此，鲍叔牙在两人合伙做生意的那段时间里，经常以管仲的家境贫困为由让管仲多拿一部分钱。管仲时常与鲍叔牙一起谈论时政，探讨谋略，两人因在政治上都有远大的抱负而成为志同道合的挚友。

公元前698年，齐僖公去世，其长子诸儿继承君位，也就是历史上齐襄公。据说他昏庸无道，两个庶出的弟弟公子纠和公子小白担心遭到祸害，于是其弟公子纠在管仲等人的保护下投奔鲁国，而鲍叔牙则保护着公子小白逃到莒国。齐襄公被公孙无知刺杀后，群臣就想从逃亡在外的两位公子中选出一位拥立为王。这时群臣便分为两派，一派主张拥护公子小白为君主，身为公子纠外公的鲁庄公自然主张拥公子纠为王。消息一经传出，两位公子便马不停蹄、争先恐后，分别从投奔的国家往齐国赶。

鲁庄公为阻拦公子小白，便命令管仲在半路截杀他。管仲为替主子扫清障碍，便毫不留情地搭弓射箭，一箭射中了公子小白的大腿，公子小白为保命，咬舌吐血装死，管仲以为公子小白已死，就把消息转告给了鲁庄公，保护公子纠的队伍也不再急于赶回齐国。公子小白乘机提前一步赶到齐国，在鲍叔牙的一再劝说下，被顺利扶上齐君宝座，也就是齐桓公。

当时，齐桓公想请鲍叔牙担任宰相一职，但鲍叔牙却说自己的才能远不如管仲，如果大王想让齐国雄霸一方，非管仲莫属。由于齐国几经战乱，国家经济、政治、文化等各方面都缺乏实力，急需找能人来出谋划策，国家才会逐渐强大。齐桓公因管仲射杀自己怀恨在心，起初并不想重用管仲，但经过鲍叔牙的一再劝说，于是决定放下私仇，以江山社稷为重。

鲁庄公得知公子小白已经当上了国君，不禁大发雷霆，想用武力来争取君位。双方大战，鲁庄公不听管仲建议，遭到齐国埋伏，军队败回鲁国。齐国乘胜追击，威逼利诱鲁庄公，让他杀了外甥公子纠，并将管仲交给齐国，鲁庄公无奈，只好照做。

　　齐桓公为迎接管仲，特意选择了一个良辰吉日，以非常隆重的礼节亲自迎接他。齐桓公的宽容大度令天下人敬佩，管仲也被齐桓公的重视和信任所打动，便将自己的所学所见以及自己的看法与齐桓公进行了深入交谈。齐桓公对管仲的看法很是认可，两人一拍即合，管仲被封为丞相。

　　之后，齐桓公对管仲的建议可谓言听计从，管仲对内还整顿了行政管理体系，选贤任能，广揽人才。军事上主张"守则同固，战则同强"，提高部队的战斗力；外交上主张尊重周天子的地位，联合各诸侯，一起攻打不听话的诸侯国和戎狄。此外，在其他诸侯国需要帮助时，及时伸出援手，得到帮助的国家感恩戴德，这促使齐国的威望进一步提升，除郑国外，都心甘情愿俯首称臣，把霸主的位置让给了齐国。

遵循规矩，不拘一格，多措并举，才能实现可持续发展，使人尽其才，各尽所能，继而创造出更大的价值。管理者应放下私心杂念，打开心胸，唯才是举，实现人才的商业价值，以为企业赢得更大的生存空间。

四、商道规矩：公平竞争，合作共赢

1. 诚信立业，共赢永续

在商场如战场的时代，诚信是立业之本。一位商人若想立足于市场，首先应该保持诚信，言行一致，言出必行，行出必果。否则，短期利益或许可得，但长久发展必难以为继。经商从业，诚信是底线，更是崇高追求。中国商道源远流长，历来以"君子之国"自居，因而，我们也应当在商场上展现出中国人的规矩与风范。

诚信立业，体现着一种谦逊与尊重的商业精神。就如同古人在称呼上的讲究一样，我们应当以卑己尊人的态度对待商业伙伴、顾客以及员工。不仅要言谈举止谦虚，更要以诚信之心对待他人，做到言行一致。

在与合作伙伴打交道时，我们应该尽心尽力地为其服务，以他们为"令"，将他们的意见视为"高见"。就如同古人称呼对方的父母为"令尊""令堂"，表示对对方家庭的尊重一样。这样的态度不仅能够赢得合作伙伴的信任和尊重，也能够建立起长久稳固的合作关系。

而对待顾客，则更应该如古人一般，将他们视为"令爱""令郎"。我们应当以"寒舍"之心，为顾客提供最优质的产品和最贴心的服务，从而赢得顾客的信赖和支持。只有真诚地对待顾客，才能赢得他们的心，留住他们的忠诚。

此外，在内部管理上，我们也应该以诚信为本，严格要求自己和员工，做到言行一致，遵守规章制度，不做出违背商业道德的行为。只有这样，才能建立起一个和谐、稳定的企业环境，实现企业的长期发展。

诚信立业不仅是一种商业规矩，更是一种道德准则。在商场上，我们要以谦逊与尊重的态度对待他人，以诚信为本，做到言行一致，才能赢得信任，与客户建立起长久稳固的商业关系，实现企业的长期发展。

在清朝末年，山西的晋商以其独特的商业文化闻名于世。其中，乔致庸的故事尤为传奇。

乔致庸出生于一个普通的商人家庭，他的父亲是一位小有名气的布商。然而，命运的转折让乔致庸早早地承担起了家族的重担。在他十五岁那年，父亲因病去世，留下了一笔巨额债务和一家摇摇欲坠的布庄。面对这样的困境，乔致庸没有选择逃避，而是决定用自己的双手重振家业。

他首先做的，就是重建顾客对布庄的信任。他深知，诚信是商业的基石。他亲自走访每一位债主，诚恳地表达了自己的歉意，并承诺将逐步偿还债务。他的真诚打动了许多人，一些债主甚至主动减免了部分债务。

在经营布庄的过程中，乔致庸始终坚持货真价实的原则。他亲自挑选布料，确保每一块布的质量都达到最高标准。有一次，一批布料在运输途中受潮，虽然经过处理后仍可使用，但乔致庸却选择将其全部销毁，因为他不想用次品欺骗顾客。这一行为虽然短期内造成了损失，却赢得了顾客的尊敬和信任。

乔致庸的诚信不仅体现在对待顾客上，更体现在对待同行上。在一次交易中，他发现对方因为计算错误多付了一笔款项。面对这笔意外之财，乔致庸没有动心，而是立即将多余的款项返还给对方。这一举动在商界传为佳话，乔致庸的名声也因此水涨船高。

随着时间的推移，乔致庸的布庄逐渐发展壮大，成为山西乃至全国知名的商业品牌。他的成功，不仅仅是商业上的成功，更是诚信精神的胜利。乔致庸用自己的行动证明了，诚信不仅能够赢得人心，更能够成就一番事业。

《颜氏家训》中云："言而信之，行而敬之，功成而名遂。"当我们谈论诚信立业时，不仅仅是在谈论一个简单的概念，更是在探讨一种深刻的商业哲学。在商业社会中，诚信不仅是一种行为准则，更是一种品德修养，是我们在商业活动中应当恪守的基本原则。

在商业活动中，我们要言行一致，诚实守信，以诚信为本，勇于承担社会责任，才能赢得他人的信任和尊重。也只有坚持诚信，才能立足于商场，成就一番事业。

某化妆品公司声名鹊起，产品畅销市场。然而，某个生产环节出现了疏忽，导致一批产品质量出现问题，引发了消费者的质疑和投诉。舆论的风暴迅速席卷而来，公司面临着严峻的挑战。

公司总裁深夜独坐在办公室，面对着满屏的质疑和指责，心情沉重。他深知企业的诚信是无价之宝，更是企业发展的根基。第二天，他便决定召开紧急新闻发布会，公开道歉，并郑重承诺彻底解决产品质量问题。在发布会上，总裁没有回避问题，也没有推卸责任，而是坦诚地向媒体和消费者们道歉，表达了对消费者的歉意和对产品质量管理不严的深刻反思。同时，他宣布公司将立即召回所有存在质量问题的产品，并启动全面的产品质量改进计划，从生产工艺到质量控制，全面提升产品的质量标准。召回产品、改进生产工艺等措施，不仅仅是为了挽救危机，更是为了对消费者的诚信承诺。公司全体员工齐心协力，夜以继日地加班加点，努力改进产品质量。与此同时，公司积极与消费者沟通，接受他们的建议和意见，并公布了改进后的产品质量检测报告，以实际行动赢得了消费者的信任和支持。

经过一段时间的努力，公司终于克服了危机，重新赢得了市场的认可和尊重。消费者对公司的信任度和忠诚度更上了一个新台阶，公司的销售额也重新回到了增长的轨道上。

诚信是一种经营理念，也是一种品德准则，其重要性远远超出了商业层面。在商场如战场的竞争环境中，诚信是企业生存和发展的基石。

诚信是商业规矩的核心，它贯穿于商业活动的每一个环节。在市场竞争日益激烈的今天，诚信不仅是企业立足的基石，更是其长远发展的保障。

诚信的商业规矩要求企业在经营活动中始终坚守真实、公平、透明的原则。企业应以诚信为本，对消费者提供真实可靠的产品信息，不夸大其词，不隐瞒缺陷。同时，企业之间也应以诚信为纽带，遵守合同约定，不欺诈、不违约，共同维护市场秩序。

企业遵守诚信的商业规矩不仅能够赢得消费者的信任和忠诚，还能够树立企业的良好形象，提升企业的竞争力。在全球化的大趋势下，诚信更是企业走向国际市场的通行证。

因此，企业应该始终坚守诚信的商业规矩，以诚信赢得市场，以诚信铸就品牌，以诚信推动企业的可持续发展。

2. 携手同行，共创未来

互惠互利，即合作共赢，也是商道规矩之一。"辅车相依，唇亡齿寒"，这句话出自《左传·鲁僖公五年》，强调了人与人之间相互依存、互相帮助的重要性。在商场中，互惠互利的合作不仅能够促进个体发展，也有助于整个市场的繁荣。

依托于商道规矩，互惠互利的精神也成为商贸活动中不可或缺的一环。经商者只有相互尊重、相互信任、共同追求、互利共赢，才能确保商业行动的顺利进行。今天的我们应当从古人智慧中汲取经验教训，将互惠互利的精神贯彻于商道之中，共同创造一个更加繁荣和谐的商业环境。

在古代，商业联盟是一种常见的商业组织形式，商人们通过结盟合作，实现互惠互利。例如，古代丝绸之路上的商队经常组成联盟，共同应对路途艰难、劫匪侵袭等问题，保障商品安全并共享利润。在这种商业联盟中，商人们相互支持、相互协助，共同谋求利益最大化，体现了互惠互利的商道精神。

在现代商业社会中，供应链合作是一种常见的商业模式。在供应链合作中，双方需要言行一致，言出必行，行出必果，以构建长期稳定的合作关系。公司提供给供应商稳定的订单，而供应商则保证提供高质量的原材料，并在价格上给予一定优惠。这种互惠互利的合作模式，使得双方在竞争激烈的市场中都能够获得利益，共同发展壮大。

　　某家小型电子产品制造商与一家大型零售商建立了合作关系。制造商专注于研发和生产高品质的电子产品，而零售商则拥有广泛的销售渠道和客户资源。

　　在合作初期，制造商坚持诚信经营，确保产品的质量和性能达到最高标准。他们不夸大产品的功能，也不隐瞒任何潜在的问题，而是与零售商坦诚相待，共同解决可能出现的挑战。这种诚实的态度赢得了零售商的信任，也为后续的合作奠定了坚实的基础。

　　随着合作的深入，双方开始探索互利互惠的合作模式。制造商根据零售商的市场反馈和客户需求，不断调整产品设计和生产策略，以满足市场的不断变化。同时，零售商也积极利用自身的销售渠道和营销资源，为制造商的产品推广提供有力支持。

　　通过共同努力，双方的合作取得了显著的成果。制造商的产品销量大幅提升，品牌知名度也得到了显著提升。而零售商则通过销售高品质的产品，赢得了消费者的信任和忠诚，实现了销售额的稳步增长。

这个案例充分展示了诚信和互利互惠在经商过程中的重要性。只有坚守诚信原则，才能建立起稳固的商业关系；而实现互利互惠，则能使双方的合作更加紧密和持久。这样的合作方式不仅能够带来短期的商业利益，更能够为双方的长远发展奠定坚实的基础。

商业规矩中的互惠互利，强调的是商人之间应当相互尊重、相互信任，在交易中追求双方的共同利益。这种精神不仅体现了商人的道德品质，也是商业交易稳定发展的基础。而在一个良好的商业环境中，互惠互利的精神更能够得到充分体现。

在古代商贸活动中，商业规矩和互惠互利的观念贯穿始终，为商业交易提供了稳定的基础和良好的发展环境。以西汉时期长安城的一次商贸市场为例，我们可以看到这一精神在实践中的具体体现。

张某是一位来自蜀地的药材商人，李某是长安城内的茶叶商人。一天，张某带着他的货物来到了长安城的商贸市场，准备寻找机会销售。与此同时，李某也在市场上准备着自己的茶叶店铺。

在市场上，张某和李某相遇了。张某察觉到李某所摆放的茶叶品质上乘，而李某也对张某手中的药材产生了兴趣。两人互相询问对方的商品情况，经过一番交流后，他们发现彼此的需求正好可以被对方满足。张某表示，他手中的药材产自蜀地，质量上乘，并且愿意提供稳定的供货量。而李某则表达了对药材的兴趣，并且提出了合作的意向。在商讨后，他们达成了一份互惠互利的合作协议：张某将定期向李某供应优质的药材，而李某则会为张某提供一定比例的茶叶折扣，并且向自己的客户推荐张某的药材。

　　这个古代案例展示了商业规矩下的互惠互利精神。商人之间的合作不仅仅是为了个人利益，更是为了共同促进商业的繁荣和发展。在古代，商人们通过互相合作、互相信任，共同推动了商业交易的发展，促进了社会经济的繁荣。只有在互惠互利的基础上，商业交易才能够稳定进行，商道才能够健康发展。

　　今天的我们，理应从古人的智慧中汲取经验教训，将互惠互利的精神贯彻于商业规矩之中，共同创造一个更加繁荣和谐的商业环境。这种互惠互利的合作关系，不仅让用户享受到了更多的优惠和便利，也带动了商家的业务增长，实现了双方的共赢。

　　在商业规矩下，互惠互利精神是推动商业社会健康发展的重要原则之一。这一精神体现了合作共赢的理念，强调了商业交易中双方相互合作、互相支持、互惠互利的重要性。

　　在商业环境中，互惠互利的精神意味着双方在交易过程中能够平等对待，相互尊重，并且基于诚信与责任进行合作。通过互惠互利的合作，不仅能够实现双方的共同利益，还能够促进商业伙伴之间的信任与合作关系的稳固与深化。

　　互惠互利的精神在商业规矩下发挥着重要作用。它鼓励了企业间的合作与交流，促进了资源的共享与互通，推动了商业社会的发展与繁荣。同时，互惠互利的精神也引导着商业主体积极履行社会责任，回馈社会，促进社会和谐与稳定地发展。

3. 求同存异，智慧发展

商人之间应该遵守竞争规则，不得采取不正当手段妨碍他人的合法经营，保持公平竞争的环境。在商道规矩中，尊重竞争是维护商业秩序和促进经济发展的重要原则之一。尊重竞争不仅是对竞争者的尊重，更是对整个商业生态的尊重。

尊重竞争，可以促进商业健康发展。在商道规矩中，尊重竞争是对竞争者的基本尊重和对市场规律的认识。因此，商人们应当遵循公平竞争的原则，不采取不正当手段干扰竞争，同时也要尊重竞争对手的努力和成果。

在汉代长安城的繁华市场上，商贩们争相摆摊，各种商品琳琅满目。

一天，市场上出现了两位卖茶叶的商人——陈老板和李师傅。陈老板的茶叶品质上乘，香气扑鼻，但价格相对较高；而李师傅的茶叶虽然品质稍逊，但价格更为优惠。随着两人生意越来越红火，竞争也变得日益激烈。

顾客们开始纠结于选择哪一家，于是市场上出现了一些不和谐的声音。有些商贩开始传播谣言，抹黑对手的声誉；有些则暗中降低商品品质，以低价击败对手。

然而，陈老板和李师傅都明白，恶意竞争不仅会损害对手的利益，也会破坏整个市场的秩序。于是，他们决定以尊重竞争的态度来面对挑战。陈老板开始加强对茶叶品质的控制，挑选更为上等的原料，精心烘焙每一批茶叶；而李师傅则主动提高了对顾客的服务水平，微笑迎接每一位顾客，耐心解答他们的疑问。

随着陈老板和李师傅的努力，他们的茶叶生意逐渐红火起来。顾客们开始感受到两位商人的诚意和用心，纷纷成为他们的忠实顾客。市场上的氛围也变得更加和谐，商贩们开始相互尊重、相互学习，共同维护了市场的公平竞争环境。

这个案例生动展示了在商业市场中尊重竞争的重要性和具体实践。只有在遵循商业规矩、不采取恶意竞争的前提下，商业市场才能够健康发展，商人们也才能够在竞争中共同成长。因此，我们应当以尊重竞争的态度来面对竞争，共同创造一个良好的商业生态。

在古代商业活动中，商人们通过在市场上的竞争来争夺顾客和利润。例如，在中国古代的集市上，各种商品摆满了摊位，商家们为了吸引顾客，竞相降价、改良商品质量、提升服务水平。虽然竞争激烈，但商人们在竞争中互相尊重、互相学习，共同促进了市场的繁荣和发展。

在宋代京城繁华的商业街市上，商人们之间的竞争日益激烈，但其中一位卖布匹的商人却展现了尊重竞争的态度，他没有采取恶性竞争的手段，而是努力维护商业市场的秩序和稳定。

这位商人明白商业活动中竞争关系的重要性，因此在面对竞争对手加入后，他并没有陷入恶性竞争的旋涡中。相反，他坚守着尊重竞争的原则，努力维护着商业市场的秩序和稳定。

面对竞争对手的价格战和优惠政策，这位商人没有被迫进行恶性竞争。他明白通过低价竞争可能会导致产品质量下降，最终损害到顾客利益和商业市场的整体利益。为了在竞争中脱颖而出，这位商人选择了专注于提升产品品质和服务水平。他精选上等的布料，确保产品质量的稳定性，并提供个性化的定制服务以满足顾客的需求。尽管竞争激烈，但这位商人并没有视竞争对手为敌人，而是看到了合作的机会。他与其他商家建立了良好的合作关系，共同推动商业的繁荣和发展。他们相互学习、相互帮助，共同维护了商业市场的秩序和稳定。

在商业活动中，尊重竞争是维护商业秩序和促进经济繁荣的重要原则。这位商人通过自己的实际行动，向其他商家展示了尊重竞争的态度，为商业市场的健康发展树立了良好的榜样。

只有遵循尊重竞争的原则，商业市场才能够健康发展，商人们也才能够在竞争中共同成长。这个案例也展示了商道规矩下尊重竞争的重要性和具体实践。在商业活动中，尊重竞争不仅是对竞争者的尊重，更是对整个商业生态的尊重。只有在尊重竞争的基础上，商业规矩才能够得到有效执行，商业秩序才能够得到良好维护。

4. 革故鼎新，开拓进取

商道尚创新，不断革故鼎新乃商家之道。商家当勇于创新，不拘一格，不墨守成规，善于从历史的经验中吸取教训，开拓新的商业模式和市场。创新需具备进取精神，勇于冒险，敢于尝试新的商业机会和模式，不畏失败，持之以恒，方能成就大业。

春秋时期，齐国有一位经营茶叶生意的商人，他的茶叶店位于繁华的都城之中。他对商业充满了激情与雄心，然而，随着时光的流逝，市场竞争日益激烈，他感到了来自同行们的压力。

为了在竞争中脱颖而出，他决心进行商业创新。他首先意识到，要想在市场上立足，必须提高产品的品质和口感。于是，他聚集了一批精通茶道的茶匠，深入了解茶叶的加工技艺。通过不断的探索和实践，他们研发出了一种新的茶叶加工方法，可以更好地保留茶叶的原始香气和口味，使得茶叶更加鲜美可口。在品质提升的同时，他也深刻意识到销售渠道的重要性。他不拘一格地开辟了新的销售渠道，将茶叶销售扩展至远方。他与当地商贩合作，将自己的茶叶运至远方城市，并在那里设立了专门的销售点。

通过这种方式，他成功地打通了茶叶销售之路，使自己的产品覆盖了更广阔的市场。在这一创新过程中，他从未忘记诚信为本的原则。他始终保持着对客户的诚实和信任，从不以次充好，保证了产品的质量和口感。他深知，只有诚信经营，才能赢得客户的信任和忠诚，才能在商业竞争中立于不败之地。

最终，他的商业创新取得了巨大的成功。他的茶叶以其优良的品质和口感而闻名于世，成为当时市场上备受追捧的商品。他的商业模式也被许多人效仿，为齐国的茶叶产业带来了繁荣与发展。

商家应当崇尚变革，拥抱变化之风。商业环境瞬息万变，应积极适应变化，主动求变，不断调整战略和经营方式，以应对市场的变化和挑战。商家也应重视技术创新，提升竞争力。技术创新是商业发展的重要推动力量，商家应投入资源，加强科技研发，不断提升产品和服务的质量和效率，以满足市场需求。

南宋时期，有一位茶商因商业创新而成为茶叶行业的一面旗帜。他原本是一名茶农，对茶叶的品质和加工工艺有着深刻的了解。然而，他并不满足于传统的加工方法，而是不断探索创新，寻找更加完美的茶叶味道。最终，他研发出一种新的茶叶加工方法，主要改进了炒制的技术。他采用了更为精细的炒制工艺，使茶叶在炒制的过程中更加均匀，香气更加浓郁，口感更加醇厚。这种创新的加工方法极大地提高了茶叶的品质，使得他的茶叶在市场上备受欢迎。

除了改进加工技术，他还开创了茶叶专卖店的销售模式。他将茶叶销售场所从传统的茶市转移到了繁华的商业街，通过这种方式吸引了更多的顾客。他的茶叶专卖店店面装修精美，摆放整齐，给顾客一种舒适、高档的购物体验。这种新颖的销售模式使得这位茶商的茶叶不仅在品质上有所突破，同时在销售渠道上也有了革新。

可以看出，在商业创新的过程中，这位茶商始终坚持品质至上的原则。他严格把关茶叶的质量，从茶叶的采摘到加工，再到销售环节，都严格要求自己和团队。他深知，只有保持产品的品质，才能赢得客户的信任和忠诚。

商业创新不仅要求技术上的突破和创新，更需要对产品质量的追求和保证。只有坚持品质至上的原则，才能在激烈的市场竞争中立于不败之地，获得更高的客户忠诚度。

也只有在遵循规矩的前提下，商业创新才能够获得可持续的发展，并为社会创造更大的价值。商家应当勇于突破传统，敢于创造奇迹。创新需要勇气和魄力，商家应敢于挑战现状，突破传统束缚，勇于创造新的商业价值和市场空间。

5. 厚德笃行，仁义为先

"厚德笃行，仁义为先"，这八个字为商业领域提供了深刻的道德和行为准则。在商业活动中，这些原则不仅有助于塑造企业的形象和声誉，还能促进企业的长远发展。

"厚德"强调了商人应具备深厚的道德品质和人格魅力。在商业活动中，商人应以诚信、正直、宽容和善良为基础，对待员工、客户和合作伙伴都要有高度的责任感和尊重。通过展现高尚的品德，商人能够赢得他人的信任和尊重，从而为企业赢得更多的商业机会和合作伙伴。

"笃行"要求商人将道德理念付诸实践，脚踏实地地做事。在商业决策和行动中，商人应坚持正确的价值导向，遵循道德规范，确保企业的行为符合社会公共利益和法律法规。同时，商人还应不断学习和提升自己的能力，以更好地应对市场变化和挑战。

"仁义为先"体现了商业活动中的道德优先原则。商人应以仁爱之心对待员工和客户，关注他们的需求和利益，积极履行社会责任。在商业竞争中，商人应坚持公平竞争，尊重对手，避免恶意竞争和损害他人利益的行为。同时，商人还应关注社会公益事业，积极参与慈善活动，回馈社会。

在商业规矩方面，商人应遵守市场规则、法律法规和商业道德，确保企业的行为合法合规。同时，商人还应遵循行业规范和标准，保持诚信经营，维护市场秩序和公平竞争。通过遵守商业规矩，商人能够为企业赢得良好的声誉和形象，提升企业的竞争力和市场地位。

"厚德笃行，仁义为先"，为商业领域提供了全面的道德和行为指导。商人应将这些原则融入企业的日常经营和管理中，以塑造企业的良好形象和声誉，实现企业的可持续发展。

商道以仁义为本，每个从商者都应秉持道德准则。商人在经商之际，还应秉持仁爱之心，关心社会民生，履行社会责任，以义为先，如此，方能立于商场，光大商风。

有一位富有商人，他经商得利，从未忘记回馈社会。有一年，当地发生了严重的自然灾害，许多家庭失去了谋生的能力，陷入了饥荒困境。

富商见此情形，马上施以援手。他并不满足于简单地提供粮食救济，而是深入地了解灾民的需求和困境。他深知粮食救济只能解决当下的急需，而灾后重建更加重要。因此，他积极筹划并投入大量资金，组织了重建工作队伍，重建受灾地区的房屋、道路和基础设施。

除了物质上的援助，他还关心灾民的心理健康和生活品质。他设立了心理咨询小组，为受灾群众提供心理疏导和心理支持，帮助他们摆脱了灾难带来的心理阴影。同时，他还积极组织了各种文娱活动，让灾民们在困境中感受到了温暖和希望。

富商的行为不仅受到了当地灾民的感激和赞扬，也引起了社会各界的关注和赞赏。他的善举激励了更多的人参与到社会公益事业中，形成了一股向上向善的社会风气。

显然，这位富商是一个怀德怀仁者，他用自己的财富回馈社会、帮助他人，以实际行动践行了"厚德""仁义"的商道规矩。

厚德笃行，仁义为先的商道规矩，为商业活动提供了深厚的道德底蕴和坚实的行动指南。这种商道规矩不仅强调了商人的道德品质和行为准则，也体现了商业活动的社会价值和责任担当。

厚德是商道规矩的基石。在商业活动中，商人要恪守职业道德，坚守诚信底线，不欺瞒、不欺诈，以真诚的态度对待客户和合作伙伴。同时，商人还应积极履行社会责任，关注社会公益事业，回馈社会，展现企业的良好形象和声誉。

笃行是商道规矩的实践要求。商人应将厚德理念付诸行动，以笃实的态度开展商业活动。在商业决策和行动中，商人要深思熟虑、稳健行事，不盲目跟风或冒险行事。同时，商人还应不断学习和提升自己的能力，以更好地应对市场变化和挑战，实现企业的稳健发展。

而仁义为先则是商道规矩的核心价值。在商业竞争中，商人应秉持仁爱之心，尊重对手、公平竞争，不恶意打压或损害他人利益。商人要以公平、公正的态度对待员工、客户和合作伙伴，关注他们的需求和利益，实现共赢发展。

　　张先生经营着一家中小型制造企业，他深知企业的成功
不仅依赖于精湛的技术和高效的管理，更在于厚德的品质和
笃行的精神。他始终坚持诚信经营，对待员工、客户和合
作伙伴都充满真诚和尊重。

　　在经营过程中，张先生始终坚守商业道德、遵从商道规
矩，不追求短期的利益最大化，而是注重企业的可持续发展
和社会责任。他注重产品质量，严格把控生产环节，确保
每一件产品都符合标准和客户的期望。同时，他还积极履
行企业的社会责任，参与公益慈善活动，回馈社会。

　　张先生的厚德笃行不仅赢得了客户的信任和忠诚，也吸
引了众多优秀的合作伙伴和人才。他的企业不断发展壮大，
成为行业内的佼佼者。

　　张先生以厚德笃行的品质在商业领域树立了榜样，他用自己
的行动诠释了商业成功与道德品质之间的紧密联系。他的故事
激励着更多的人在商业活动中注重道德修养，实现个人和企业的
共同发展。

　　厚德笃行，仁义为先的商道规矩为商业活动提供了全面的道
德和行为指导。商人应将这些原则融入企业的日常经营和管理
中，以诚信、正直、公平、公正的态度开展商业活动，实现企业
的可持续发展和社会的和谐进步。